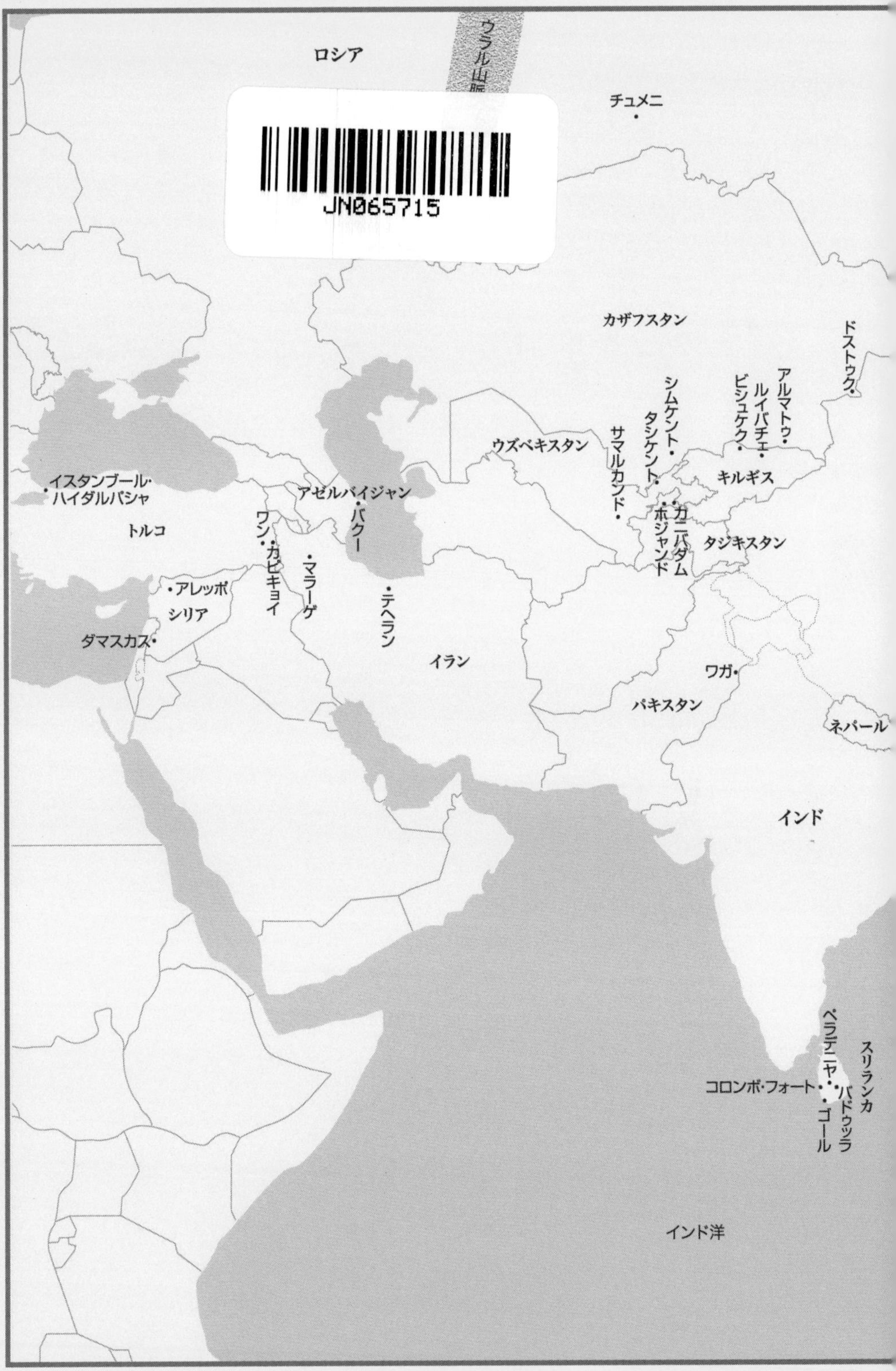
ロシア
ウラル山脈
チュメニ
カザフスタン
ドストゥク
アルマトゥ
ルイバチェ
ビシュケク
シムケント
タシケント
ウズベキスタン
サマルカンド
キルギス
ガニバダム
ホジャンド
タジキスタン
イスタンブール・ハイダルパシャ
アゼルバイジャン
バクー
トルコ
ワン
カピキョイ
マラーゲ
テヘラン
アレッポ
シリア
ダマスカス
イラン
ワガ
パキスタン
ネパール
インド
スリランカ
ペラデニヤ
コロンボ・フォート
バドゥッラ
ゴール
インド洋

アジアの停車場《ていしゃば》

ウラジオストクからイスタンブールへ

小牟田哲彦

三和書籍

アジア東端

極東の始発駅 ウラジオストク

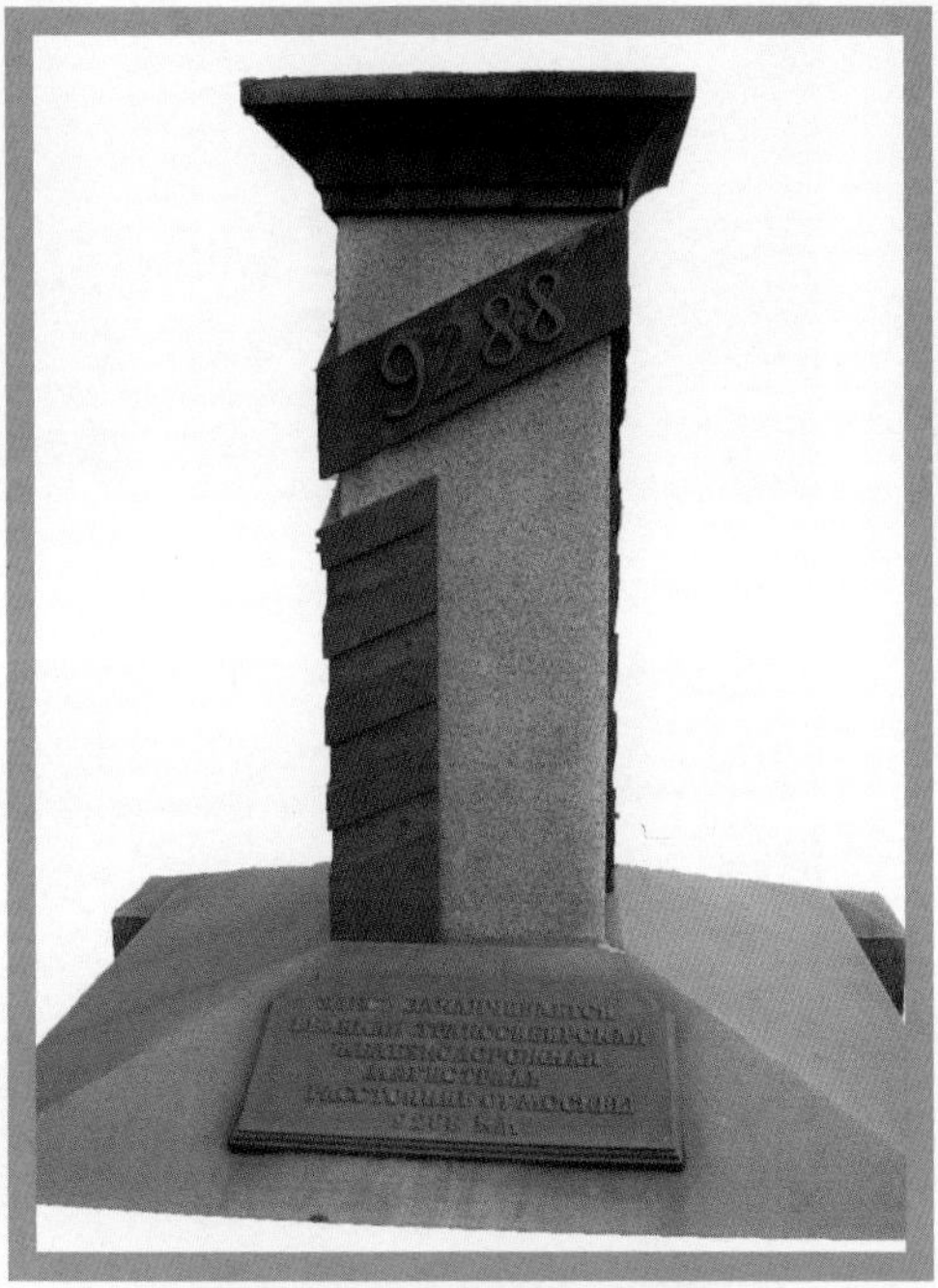

ウラジオストク駅ホームの記念碑
「モスクワから9288km」と刻まれている

ウラジオストク駅舎（→P15）。
帝政ロシア時代の建築

日本最東端の駅 東根室

日本最東端の駅・東根室。
アジア最東端の駅でもある

ウランバートル駅で列車を待つ旅客

ウランバートル駅（→P42）。
中国・ロシアとの国際列車が発着する

売店で見かけた日本の大相撲に関する雑誌
（ウランバートル駅）

モンゴルの大草原を走る

国境の車窓に映る「CCCP」（ソ連）の文字（ザバイカリスク）

中国と国境を接するザバイカリスク駅（→P17）

クラスノヤルスク駅（→P21）。
ソ連時代の無機質な駅舎から生まれ変わった（撮影：岩倉真由美）

ユジノサハリンスク郊外のノボジェレーベンスカヤ（日本統治時代の奥鈴谷）駅（→P31）

旅順駅（→P60）。戦前は多くの日本人が利用した

停車中の貨車にチョークで漢詩を書く鉄道員

瀋陽東駅舎（→P53。撮影：塚本敦）。
旅客の姿はない

ベトナム国境・河口駅（→P55）。旅客列車の運行が中止され、ホーム上の駅名標は折り曲げられている

ベトナム側にあるラオカイ駅（→P135）。
ハノイへの直通列車が頻発する

中越国境に架かる鉄道橋。中国・河口側から対岸のベトナム・ラオカイ側を望む

朝鮮の伝統様式を採り入れた日本統治時代の西平壌駅舎（当時の絵はがきより）

現在の西平壌駅（→P73）。戦前とは別の場所にある

2000年代半ばまで使用されていた北緯38度線付近の旧・開城駅舎

現在の開城駅舎（→P71）。
2007年の南北直通試験運行にあわせて建設された

平壌行き国際列車が停車する新義州駅ホーム
（→P77）

鴨緑江に架かる朝中親善橋。
北朝鮮・新義州側から中国・丹東方面を見る

平義線・龍川駅舎（→P75）と駅前広場。
2004年の列車爆発事故後に再建され、当時の痕跡は見当たらない

漢灘江駅（→P87）
ホームに残る歩哨所の跡

北緯38度線付近で漢灘江を渡るディーゼルカー

慶州駅（→P89）。
昭和11年竣工の駅舎が今も現役

現在の新村駅ビルと“保存”された旧駅舎。
現役時代と左右が逆になっている（→P91）

大正2年竣工の新竹駅舎（→P112）。台湾の国定史蹟に指定されている（撮影：片倉佳史）

阿里山森林鉄道の山頂・祝山駅（→P116）

奮起湖駅（→P103）で販売されている名物駅弁

客車に窓ガラスがないカンボジアでは車内とホームがひときわ近く感じられる

マレー半島縦断急行の乗務員が出迎える（シンガポール駅。P183）

「世界で2番目に高い」ミャンマーのゴッテイ鉄橋（→P166）

ライトアップされた白亜のクアラルンプール中央駅（→P174）

ジャカルタの通勤電車内にある日本のODA支援マーク

ジャカルタ・コタ駅（→P189）に到着する元・都営三田線車両の通勤電車

JR北海道からミャンマーへ移籍したディーゼルカーに貼られたステッカー

カザフスタン国境・ドストゥク駅（→P199）での台車交換

ソ連時代の紋章が描かれているビシュケク第2駅（→P206）の
ホール天井

ホームにはレーニン像が健在
（ビシュケク第2駅）

サマルカンド駅（→P212）に停車する急行列車

ホジャンド駅（→P217）にある鉄道路線図。
白がタジキスタン、オレンジがウズベキスタン。白い国土の北と南は路線が国外経由で結ばれている

ネパール唯一の鉄道の中心駅・ジャナクプル駅（→P246）。
屋根の上にも旅客が大勢乗っている

山岳地域の中腹に位置するダージリン駅（→P230。右奥）。
手前は出発に備える小型の蒸気機関車と客車（撮影：白川淳）

デッキや窓枠にまで乗客がしがみつく
満員の通勤列車
（コロンボ・フォート駅。P241）

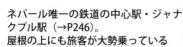

ヒジャーズ駅舎内に掲げられている
アサド大統領の肖像画

ダマスカス市内にあるヒジャーズ
駅舎（→P266）とその内部。
列車は発着していない

夜のマラーゲ駅（→P260）。
旅客がそろって駅舎の礼拝室へ消え
てゆく

アジア西端

欧州との接続駅
イスタンブール

駅舎はボスポラス海峡に面している

アジアの線路が尽きるところ
（ハイダルパシャ駅）

アジア最西端・ハイダルバシャ駅
（→P277）

駅舎内部は対岸にあるヨーロッパの雰囲気が漂う

まえがき

かつて東北地方への玄関駅として賑わった上野駅の15番線ホームの頭端部に、「ふるさとの　訛なつかし　停車場の　人ごみの中に　そを聴きにゆく」と詠んだ石川啄木の歌碑がある。岩手出身の啄木にとって、東北からの長距離列車が発着する上野駅は、東京にいながら遠い故郷の空気を感じ取れる特別な空間であった。

鉄道の駅は、単なる公共交通機関の利用場所としての意味を超えた情緒的存在感を持っている。旅に出たとき、長距離列車が発着する駅のホームや駅頭の光景に旅情を感じる人は少なくない。人の出会いと別れの場であり、列車とともに運ばれてきた遠隔地の雰囲気と地元の人たちの生活感とが交錯する空間には、列車に乗る用がなくとも、「非日常」の体験を求める遠方からの旅人が足を運びたくなる独特の魅力がある。

そんな情感を醸し出す鉄道駅の光景に、広大なアジア各地で数多く接してきた。その中から100駅を選び出し、一般財団法人霞山会《かざん》の公式ホームページで「アジアの停車場」と題して、平成20（2008）年から28（2016）年まで8年間、毎月紹介し続けた。それらを地域別に整理し直して、極東からアジア西端まで鉄路が続くように並べ替えたのが本書である。ただし、連載自体が長期にわたり、その後の現地事情に変化が生じている駅も少なくないため、単行本化にあたり各回とも加筆修正を行い、必要に応じて連載後の事情変更を補足している。

日本とアジア諸国との文化交流を支える霞山会のホームページで読まれるコラムであることから、連載中は鉄道駅としての小さな歴史や日本との縁を掘り起こすなど、単なる現地訪問記録に終わらないよう意識していた。また、アジアとは朝鮮半島や中国、台湾などの日本近隣のみを指すのではなく、トルコのイスタンブールまでを含む広い地理概念であることから、旧ソ連から独立した中央アジアやコーカサス、中東などの、日本人旅行者には馴染みが薄い国々の鉄道駅も多く取り上げた。

その結果、100駅が所属する国・地域は28に及んでいる。このうち、ロシアはウラル山脈以東、トルコはイスタンブールのボスポラス海峡以東をアジアとみなした。また、第2次世界大戦直後からロシアが実効支配している南樺太（サハリン島の北緯50度線以南）は国際法上帰属未定であるとの日本政府の公式見解に基づき、ロシアとは別枠の「樺太」として扱っている。

連載中はこのような基本方針を踏まえて、大勢の旅行者が利用するターミナルから、外国人旅行者の姿をほとんど見かけない小さなローカル駅まで、一般的な観光資源の有無や知名度の高低にとらわれず対象駅を自由に設定させてもらえた。長きにわたる連載を支えていただいた霞山会文化事業部課長の齋藤眞苗氏と、連載終了のまま散逸しかねなかった拙稿を本書にまとめる機会を与えてくださった三和書籍代表取締役の髙橋考氏に心から感謝申し上げる。

なお、本書のタイトルに用いた「停車場」という単語を、命名者である私は連載当初、無意識のうちに「ていしゃじょう」と読んでいた。現代の鉄道用語としての「停車場」（旅客の乗降や貨物の積卸などを行うために設けられた場所の総称）は「ていしゃじょう」と読むからだ。一方、啄木の歌に出てくる「停車場」の訓《よ》みは「ていしゃば」である。

明治中期から昭和初期まで鉄道駅を指して日常的に用いられた「停車場」という言葉は、令和の世から見ると、どこか古風で詩的な情感を内包している。それが、海を渡った現代のアジア各地の鉄道駅で旅人が心惹かれる情緒にも通じるとするならば、本書のタイトルも「ていしゃば」と訓むのがふさわしいだろう。

令和3年9月　著者

目次

まえがき —— 1

第1章　北アジア —— 13

(1)ロシア —— 15

①ウラジオストク駅 —— 15

②ザバイカリスク駅 —— 17

③イルクーツク駅 —— 19

④クラスノヤルスク駅 —— 21

⑤チュメニ駅 —— 24

(2)樺太 —— 26

①ユジノ・サハリンスク駅 —— 26

②コルサコフ駅 —— 29

③ノボジェレーベンスカヤ駅 —— 31

北アジア

④ブィコフ駅——34
(3)モンゴル——37
①ナライハ駅——37
②スフバートル駅——39
③ウランバートル駅——42
④ダルハン第1駅・ダルハン第2駅——44

第2章　中国——47
①北京西駅——49
②柳園駅——51
③瀋陽東駅——53
④河口駅——55
⑤桂林駅——58
⑥旅順駅——60
⑦山海関駅——62
⑧蜜蜂岩駅——64
⑨西安駅——66

中国

第3章 北朝鮮 69
①開城駅 71
②西平壌駅 73
③龍川駅 75
④新義州駅 77
⑤西浦駅 80

第4章 韓国 83
①釜山駅 85
②漢灘江駅 87
③慶州駅 89
④新村駅 91
⑤杻田駅 93
⑥正東津駅 96
⑦ソウル駅 98

韓国 北朝鮮

第5章　台湾 101
①奮起湖駅 103
②大華駅 105
③新北投駅 108
④花蓮駅 110
⑤新竹駅 112
⑥烏樹林駅 114
⑦祝山駅 116
⑧三貂嶺駅 118
⑨台北駅 121

第6章　東南アジア 123
(1)フィリピン 125
①マニラ・トゥトゥバン駅 125
②レガスピ駅 127
(2)ベトナム 130
①ハノイ駅 130

東南アジア　台湾

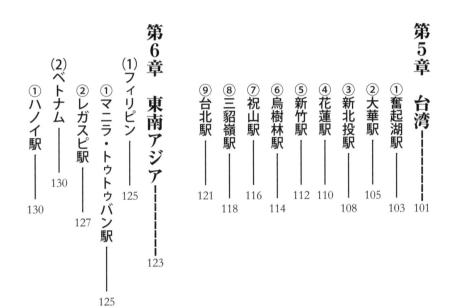

②ダラット駅——133
③ラオカイ駅——135
④ハイフォン駅——137
⑤ロンビエン駅——139
⑥サイゴン駅——141
(3)カンボジア——144
①プノンペン駅——144
②バッタンバン駅——147
(4)タイ——150
①ノーンカーイ駅——150
②カンチャナブリー駅——153
③アユタヤ駅——155
④バンコク・ホアランポーン駅——157
⑤チェンマイ駅——159
⑥アランヤプラテート駅——161
⑦スンガイ・コーロク駅——163
(5)ミャンマー——166

①ゴッテイ駅 166
(6)マレーシア 170
①ボーフォート駅 170
②グア・ムサン駅 172
③クアラルンプール駅 174
④バターワース駅 176
⑤グマス駅 178
⑥テノム駅 180
(7)シンガポール 183
①シンガポール駅 183
②ウッドランズ駅 186
(8)インドネシア 189
①ジャカルタ・コタ駅 189
②プランバナン駅 191
③ジョグジャカルタ駅 193

第7章　中央アジア——197

(1)カザフスタン——199
①ドストゥク駅——199
②シムケント駅——201
③アルマトゥ第2駅——203
(2)キルギス——206
①ビシュケク第2駅——206
②ルイバチェ駅——209
(3)ウズベキスタン——212
①サマルカンド駅——212
②タシケント駅——214
(4)タジキスタン——217
①ホジャンド駅——217
②カニバダム駅——220

中央アジア

第8章　南アジア――223
(1)バングラデシュ――225
①ドルショナ駅――225
②チラハティ―駅――227
(2)インド――230
①ダージリン駅――230
②コルカタ・シアルダー駅――233
(3)スリランカ――236
①バドゥッラ駅――236
②ゴール駅――239
③コロンボ・フォート駅――241
④ペラデニヤ駅――243
(4)ネパール――246
①ジャナクプル駅――246
②カジュリ駅――248
(5)パキスタン――251
①ワガ駅――251

南アジア

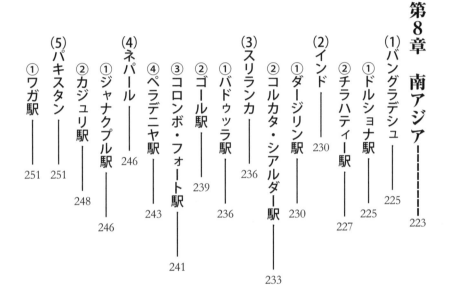

第9章　西アジア――――255
(1)アゼルバイジャン――――257
①バクー駅――――257
(2)イラン――――260
①マラーゲ駅――――260
②テヘラン駅――――263
(3)シリア――――266
①ダマスカス駅――――266
②アレッポ駅――――269
(4)トルコ――――272
①ワン駅――――272
②カピキョイ駅――――274
③イスタンブール・ハイダルバシャ駅――――277

西アジア

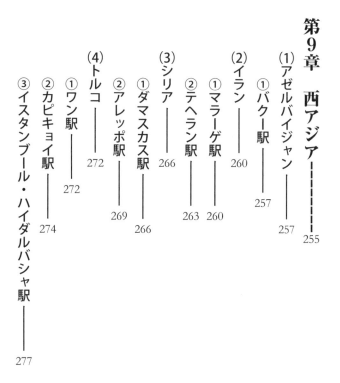

第1章　北アジア

食堂車の側面に描かれたモスクワ―ウラジオストク間の路線図（ウラジオストク駅）

ロシア
クラスノヤルスク
イルクーツク
ザバイカリスク
ウラジオストク
チュメニ
ウラル山脈
モスクワ
北緯50°
カザフスタン
モンゴル
中国

（１）ロシア

①ウラジオストク駅
……世界最長・シベリア鉄道の始発駅

「ウラジオストク」とは、「東方を征服せよ」という意味のロシア語である。19世紀末から20世紀初頭にかけて、極東への積極的な進出を図った帝政ロシアは、モスクワからこの港町へと続く世界最長の鉄道を建設した。シベリアの苛酷な自然環境ゆえ工事は難航したが、１９０４年２月に日露戦争が始まると突貫工事で完成が急がれ、同年９月にシベリア横断鉄道は全線開通した。なお、当時のルートは清王朝支配下のハルピン経由であり、ハバロフスク経由の現行ルートが完成したのは１９１６年になってからのことである。

航空機が未発達だった戦前、ウラジオストクは日本人にとって、シベリア鉄道を介したヨーロッパへの玄関口であり、多くの日本人がウラジオストク駅を訪れた。第２次世界大戦前には、ナチス・ドイツの迫害から逃れるために大勢のユダヤ人がシベリア鉄道でこの駅に辿り着き、安住の地を求めて日本行きの船に乗った。

だが、戦後はソ連海軍太平洋艦隊が拠点とする極東での最重要軍港として、ウラジオストク市への外国人の立入りが禁止されてしまう。シベリア鉄道に乗る外国人は起点のウラジオストク駅を利用できず、

ウラジオストク駅に停車中のモスクワ行き直通列車

その東方約１００キロのところにある商港ナホトカ市内の駅が国際航路、すなわち日本の横浜行き旅客船との連絡駅の役割を代替していた。ウラジオストクが再び外国人に開放されたのは、ソ連崩壊直後の１９９２年1月のことである。

長く外国人の目から遠ざけられてきたウラジオストクの駅舎は、帝政ロシア末期の１９１２年に完成した姿のままで現在も使用されている。17世紀頃のロシア建築様式を採り入れて、ベージュ色に装った建物を白で縁取りした駅舎は、正面から見ると意外にこぢんまりとした印象を受けるが、ホームから見れば殿堂のような風格と重厚感を漂わせている。駅舎内部の美しい天井画や凝った装飾も見逃せない。駅の裏手は国際航路の旅客ターミナルと直結しており、富山県の伏木港とを結ぶ貨客フェリーが週に一度、駅の真横の岸壁に停泊する。

全ロシアのみならず、遠くウクライナ方面への長距離列車までが発着するプラットホームの片隅には、モスクワからのシベリア鉄道総延長９２８８キロを示す大理石のモニュメントが建っている。細かなルート変更によって、実際のモスクワ行き直通列車の走行距離はこれよりやや短くなっているが、世界最長の鉄道であることには変わりがない。ここからモスクワまでは、直通列車で６泊７日。長い旅路の果てに到達する遥かモスクワからは、さらにヨーロッパ各国への国際列車が接続している。壮麗なウラジオストク駅は、航空機全盛となった現代でも、ヨーロッパを目指すアジアの始発駅としての栄誉を担い続けているのである。

②ザバイカリスク駅
……日本軍人がユダヤ難民を救った舞台

シベリア鉄道といえば極東のウラジオストクとモスクワを結んでロシア国内を延々と走る長距離列車がイメージされがちだが、モスクワから極東へ向かう長距離列車では、中国の北京行きも外国人旅行者に頻繁に利用される。北京行きにはモンゴルを経由して３ヵ国を走破する列車と、中露国境を直接越えて中国の満洲里からハルピンを経由する列車の２種類がある。いずれも全区間走破には１週間を要する長旅となる。

このうち、満洲里で中露国境を越えるルートは、第２次世界大戦以前から多くの日本人が利用していた旧東清鉄道との重複区間が多い。東清鉄道は、20世紀初頭に帝政ロシアがウラジオストクとシベリア中部を当時の清王朝の領土内であるハルピン経由でショートカットして結んだ鉄道のことで、清領内の区間もロシアの広軌（当時は１５２４ミリ）で建設されていた。現在のように中国国内の区間が標準軌（１４３５ミリ）に切り替わったのは、中国側に満洲国が成立した後の１９３７年以降のことだ。

ザバイカリスク駅ホーム。中露両国のレール幅（軌間）に対応するため、線路が3線構造になっている

この改軌の結果、ロシア革命によって成立したソ連領内の国境駅では、全車両の台車を越境のたびに交換する必要が発生した。モスクワ―北京間を走るシベリア鉄道で今もその作業が行われているのが、満洲里から国境を越えたロシア側第一駅・ザバイカリスクである。１９０４年に開業した当初はラジェード86（ラジェードはロシア語で「交換」）という無機質な駅名で、１９２９年に中ソ間で紛争が起きた後はソ連の国家意思を体現するかのように「オトポール」（ロシア語で「撃退」）と改称された。ザバイカリスク（ロシア語で「バイカル湖の向こう側」）という穏当な駅名になったのは１９５８年になってからであった。

全ての長距離旅客が台車交換中に長時間滞在するこの駅は、日本軍人がナチス・ドイツの迫害から逃れてきたユダヤ難民に救いの手を差し伸べた「オトポール事件」の舞台として、昭和史にその名を刻んでいる。

昭和13（１９３８）年3月、ナチスの迫害から逃れてきたユダヤ難民がこのオトポール駅、つまり現在のザバイカリスク駅で足止めされていた。当時の満洲国が、ドイツと友邦関係にある日本に配慮して、彼らの入国を許可しようとしなかったからである。これを知った関東軍の特務機関長・樋口季一郎陸軍少将は、人道上の配慮から独断で、難民たちの満洲国への入国の斡旋や、難民輸送用特別列車の手配などによってアメリカなどの租界がある上海への移動の便宜を図った。これによってオトポールから脱出に成功したユダヤ難民は、その後の３年間で５０００人近くに達したとも言われている。この樋口の行動に対して、ドイツは同盟国の日本へ公式に抗議したが、樋口は当時の上司であった参謀長・東條英機に人道上の正当な行為であると説き、東條もこれを認めて不問に付したという。

リトアニアで杉原千畝が〝命のビザ〟を発給して６０００人のユダヤ人を救う2年前に起きたこの事件は、杉原の一件に比べるとほとんど知られていない。もし、北京からシベリア鉄道に乗る機会があったならば、シベリアの寒村に位置するザバイカリスク駅で客車の台車交換を待つ長い時間に、そんな昭和史の知られざるエピソードに想いを馳せてみてはいかがだろうか。

③イルクーツク駅
……「シベリアのパリ」は極寒の地の要衝

モスクワからウラジオストクまで、広大なシベリアの大地を横断するシベリア鉄道。そのほぼ中間に位置するのが、「シベリアのパリ」と称されるイルクーツクだ。東シベリアの政治、経済、文化の中心都市として発展を遂げたこの街には、帝政ロシア時代には日本の漂流民・大黒屋光太夫らが足跡を記し、明治時代には初代駐露特命全権公使としてサンクトペテルブルグに駐在していた榎本武揚が１８７８年に日本へ帰国するにあたりシベリアを長駆横断し、この地を訪れている。榎本の２ヵ月にわたるシベリ

イルクーツク駅に停車するシベリア鉄道モスクワ行き

ア横断の様子は、帰国後に著された『西比利亜日記』に描かれており、今なお貴重な記録とされている（現在、『榎本武揚 シベリア日記』として複数の出版社から現代語訳が出ている）。

ただし、榎本の旅行当時、シベリア横断鉄道はモスクワから東へ向けて建設が始まったばかりで、まだイルクーツクまでは到達していなかった。当時、イルクーツク以西の区間はザバイカル鉄道と呼ばれていたが、このザバイカル鉄道がモスクワからイルクーツクまで全通したのは1898年のこと。ウラジオストクまで線路が繋がるのは、20世紀に入ってからである。なお、イルクーツクを出た路線はかつてアンガラ川沿いに南東へ進み、バイカル湖畔を巡って次の急行停車駅であるスリュジャンカへ達していたが、現在は南西のスリュジャンカへ直進するルートに路線変更されている。


戦後、ソ連が運営するシベリア鉄道は1966年に外国人の乗車が認められ、日本とヨーロッパを結ぶ最も経済的なルートとして、多くの旅行者に利用されるようになる。すると、旅行会社が主催する団体ツアーでは、全区間を1週間かけて乗り通すのではなく、途中で一度下車して観光するスケジュールを組むのが一般的になった。

その下車駅の大半は、今も昔もこのイルクーツクである。バイカル湖に近く、日本人にもゆかりのある歴史を有し、古くからの美しい街並みが自慢のこの街の玄関駅で、これまでどれほど多くの日本人旅行者が乗降したことだろう。

シベリア鉄道の全区間を乗り通す乗客であっても、必ず停車するこの駅ではホームに降りて、長い旅路の半ばまで来た感慨をかみしめ、さらに続く後半の道のりに想いを馳せる人が多い。ちなみに、アジアとヨーロッパの境界を示す象徴として名高いシベリア鉄道の線路際の記念碑「ヨーロッパ・アジア・オベリスク」が建っているのは、ここからさらに3400キロ以上西である。

停車時間が長いので、ときには駅構内を出てすぐ東側を流れるアンガラ川へと散歩に出る乗客の姿も。川岸からは、駅の北側に架かる橋の上をヨーロピアンスタイルの路面電車がトコトコ走っていく光景を眺めることができる。「シベリアのパリ」の街並みは、あの電車が向かう対岸に広がっている。

④クラスノヤルスク駅
……大河を前にしたシベリア中部の要衝

平成9(1997)年11月、日本人がそれまでほとんど名前を知らなかった東シベリアの町の名が、突如、日本のテレビニュースで繰り返し連呼され、新聞紙上にその地名が溢れた。日本から当時の橋本龍太郎首相が訪れ、ロシアのエリツィン大統領と2000年までに日露平和条約の締結を目指すことで合意したクラスノヤルスク会談の舞台、クラスノヤルスクである。クラスノヤルスクとは、ロシア語で「赤い岩壁」を意味する。ソ連時代に共産党がらみで付けられたというわけではなく、町の中心を流れるエニセイ川の岸の土が赤い石灰質だったことに由来するという。

シベリア東部から約５０００キロ走ってきたシベリア鉄道の列車は、そのエニセイ川を渡ったところに位置するクラスノヤルスク駅に停車する。駅の裏手に広がる貨物ヤードを含めた広大な駅構内が、ホームから駅前へと通じる跨線橋上から見渡せる。シベリア中部随一の工業都市であることを印象付ける壮観だ。

帝政ロシア時代は流刑地であり、ソ連時代は工業・軍事の重要都市でもあったことから、クラスノヤルスクはシベリア鉄道上の拠点でありながら、長らく外国人の訪問が認められない未開放都市の玄関駅だった。外国人旅行者は、乗車中の列車が停車しているホームに降りたり駅舎を見物したりすることはできたが、そのほんの10分間前後の駅の滞在だけが、クラスノヤルスクの空気を外国人が吸える貴重な機会だったのだ。ソ連時代に、その地で日本の首相が首脳会談を行う日がやってくるなど、誰が想像しただろうか。

そうした駅や都市は、外国人の国内旅行の完全な自由を認めない共産主義国家に多く存在する。すると、陸上に敷かれた線路の上を走る鉄道が、未開放地区の車窓や駅の様子に外国人が無許可で直接触れられる時間と空間を生むのである。シベリア鉄道はその代表的な存在であり、ソ連時代のクラスノヤルスク駅はそうした例外的な場所の一つだった。

ロシアでは１９９２年に外国人の国内旅行の自由が完全に認められた。外国人の訪問が増え始めたクラスノヤルスクは、２００４年に駅舎の大規模な改修工事を実施した。ソ連時代に活躍した蒸気機関車が静態保存され、トロリーバスが市街地へ向けて頻繁に発着する光景は変わらないが、駅舎の中央にそびえていた三角屋根は深緑色のドーム屋根に生まれ変わった。瀟洒なヨーロッパ風駅舎は、異邦人の訪問を拒んでいた都市の玄関駅とは思えない。

かつて吹きさらしだったホームには、激しい吹雪にも耐えられそうな頑丈な屋根が取り付けられている。クラスノヤルスクは「世界で一番寒い都市」とさえ呼ばれるほど冬は気温が下がり、マイナス30度になることも珍しくない。ホームの屋根は、南国で太陽光線を遮るのと同じように、極寒の冬を迎える当地では列車を待つ人、下車した人、そしてホームで働く鉄道関係者やキオスク（売店）の店員たちにとって、重要な役割を果たしているのだろう。

クラスノヤルスク駅。柱に設けられたレトロなランプ風電灯やホーム上の待合室はいずれも21世紀になって新設されたもの（撮影：岩倉真由美）

⑤チュメニ駅
……旧ソ連最大の油田で名高い産業都市

シベリア鉄道の沿線には数多くの著名な観光地があり、ソ連時代から外国人観光客に開放された数少ない地方都市がこの路線の主要駅に集中していた。だが、そうした各停車駅の中で、観光客はほとんど訪れないし日本の旅行案内書にはほとんど何も書かれていないが、知名度だけは外国人の間でも高かった駅がある。それが、エカテリンブルグの東方326キロに位置するチュメニだ。「チュメニ油田」といえば旧ソ連圏最大の油田として世界にその名を知られており、日本の中学生・高校生の多くも、世界地理の学習で一度はその名に接しているはずである。

チュメニには1885年にシベリア鉄道がモスクワ方面から到達し、しばらくの間、ヨーロッパ方面からシベリアやその先のアジア方面へは、このチュメニで接続する陸路や河川交通を利用することになっていた。チュメニはシベリア鉄道全通前の草創期におけるヨーロッパ側からの終着駅だったのである。

やがて、シベリア鉄道が開通してアジアとヨーロッパが直通列車で結ばれるようになったが、チュメニは優等列車が発着するシベリアきっての主要駅として今も賑わい続けている。1960年代以降は世界屈指の大規模産油地帯の玄関駅ともなっており、観光都市というよりはビジネスマン向けの工業都市のイメージが強くなっている。

駅から少し離れた街の中心部には古くから開けた都市らしく重厚な欧風建築物が建ち並ぶ光景が見られるのだが、鉄道駅はビジネスライクな特徴のない鉄筋コンクリート式の現代風駅舎で、シベリアの各駅で特色ある伝統様式の駅舎を見続けてきた乗客の印象には残りにくい。特徴や個性のなさが逆に、旧ソ連らしい雰囲気を醸し出しているともいえる。

チュメニからは、北方へ向かう支線が分岐している。また、587キロ南西にはチェリャビンスクという小都市があり、チュメニから西のエカテリンブルク経由で直通列車も運行されている。2013年2月に巨大な隕石が落下して世界中から注目を集めた場所として、チェリャビンスクの名を記憶している人も多いだろう。

このように、チュメニ周辺はシベリア鉄道本線だけでなく、さまざまな支線が分岐したり、本線の迂回路線のような形で敷設されていて、鉄道網が入り組んでいる。東西に広がるシベリア鉄道だけでなく、北方への支線や南のカザフスタンから合流してくる幹線もある。単に油田が広がる工業地帯であるというだけでなく、ウラル山脈の東側に広がるこの地域全体が、極東アジアと中央アジアとヨーロッパの三者が出会う場所に位置していることの表れといえよう。

ソ連時代に建てられた武骨なチュメニ駅舎

（2）樺太

①ユジノ・サハリンスク駅
……宮沢賢治も訪れたかつての「豊原」駅

日本で発行されている世界地図では、北海道の北に位置する樺太島（ロシア名・サハリン）の中央付近を横切る北緯50度線に、国境を意味する線が引かれている。島の南半分は、隣接するロシアや日本の領土とは異なる色で塗られている。日本はサンフランシスコ平和条約によって南樺太の領有権自体は放棄したものの、ソ連は同条約に調印しておらず、その後継国であるロシアと領土画定条約を結んでいないため、「南樺太は帰属国が未確定である」という立場を戦後70年以上が経過した今でも採っているからだ。

明治38（1905）年、日露戦争に勝利した日本は、ポーツマス条約に基づき樺太島の北緯50度線以南を帝政ロシアから譲り受けると、翌明治39（1906）年12月に早速、南部の港湾・コルサコフ（日本名・大泊《おおどまり》）から約40キロ北上したウラジミロフカという小集落との間まで鉄道を建設した。ウラジミロフカはその後、日本式に「豊原」と改称され、樺太開拓の拠点として樺太庁が設置されるなど南樺太の中心都市として発展することになる。これに伴い、樺太最初の鉄道駅の一つとしてスタートした豊原駅も、樺太鉄道局の本局が置かれるなど樺太島内の鉄道網の筆頭駅として多くの旅人で賑わいを見せた。

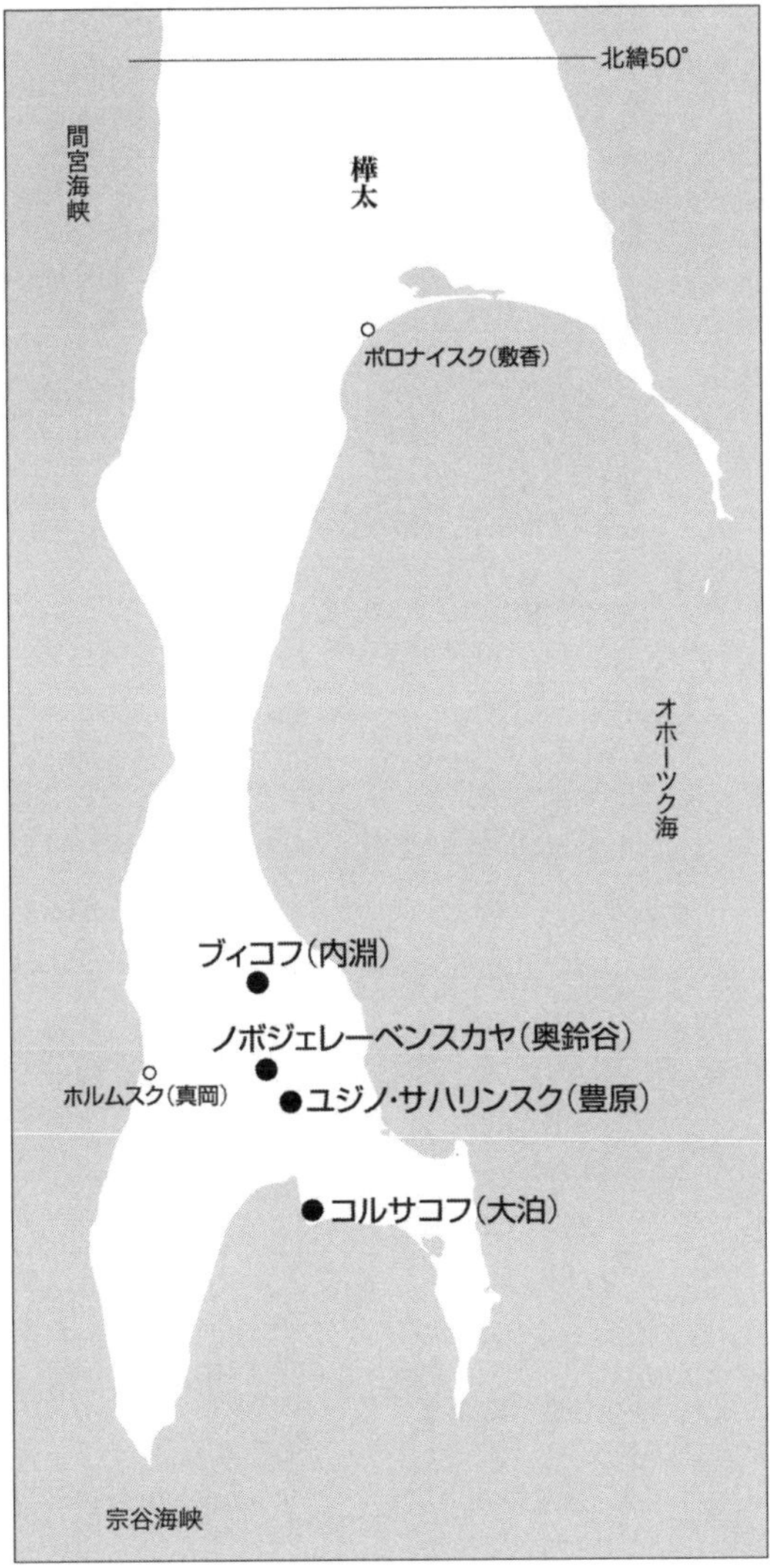

北緯50°
間宮海峡
樺太
ポロナイスク(敷香)
オホーツク海
ブイコフ(内淵)
ノボジェレーベンスカヤ(奥鈴谷)
ホルムスク(真岡)
ユジノ・サハリンスク(豊原)
コルサコフ(大泊)
宗谷海峡

ユジノ・サハリンスク駅構内。
左に停車中のディーゼルカーは広軌化で姿を消した

そんな旅人の一人に詩人・宮沢賢治がいる。賢治は大正12（１９２３）年に農学校の教え子の就職を斡旋するため樺太を訪れ、稚内からの連絡船で大泊に着いた後、2時間ほど列車に揺られて豊原にいる先輩を訪ねている。この旅は、前年に亡くなった最愛の妹・トシとの魂の交感をも目的としていたと言われており、豊原から汽車でさらに北上し、終着駅の栄浜《さかえはま》でトシに想いを馳せた賢治のこの樺太紀行は、後に代表作『銀河鉄道の夜』のモチーフになったとも考えられている。

こうして、日本統治時代に誕生・発達した豊原駅をはじめとする樺太の鉄道は、第2次世界大戦末期に南樺太へ不法侵入したソ連によって接収され、豊原はユジノ・サハリンスク、大泊はコルサコフ、栄浜はスタロドゥプスコエと名を変えた。ただ、ユジノ・サハリンスク駅舎は日本時代の木造駅舎の屋根にキリル文字の駅名を掲げて１９７７年まで流用され、発着する旅客列車には日本時代の老朽車両が１９９０年代まで使用され続けるなど、日本時代の面影は樺太全土の鉄道の随所に長く残っていた。

現在のユジノ・サハリンスク駅舎は、２００７年にリニューアル工事が施された。インターネット使用や航空券の予約もできるＶＩＰルームが設置されるなど、社会主義時代からも大きく様子が変わったが、毎日５００人もの鉄道員が働く島内随一のターミナルとしての活況には変わりがない。構内には、日本時代に建設された機関車の方向転換用転車台が今もかろうじてその姿をとどめている。

２０２０年に全サハリンでの改軌工事が完了するまで、発着する旅客列車の大半は、１９８０年代に日本のメーカーがソ連向けに輸出した近距離用ディーゼルカーだった。１９９０年代半ばにはＪＲ東日本から無償譲渡された中古のディーゼルカーが、塗装はもとより車内外の日本語表記もそのままに発着列車の主役を務めていた時期もあり、駅の外れにその1両が展示されている。戦前の日本と戦後の日本、そして社会主義ソ連と資本主義ロシアの雰囲気が、ユジノ・サハリンスク駅には戦後75年目に至るまで混在していたのである。

②コルサコフ駅
……稚泊航路の発着港だった面影はなく

戦前、北海道からその北にある日本領・南樺太へ渡るには、稚内から船に乗るのが一般的だった。中でも、大正12（１９２３）年5月に開設された稚泊航路（稚内―大泊）は鉄道省が運営する官設の鉄道連絡船で、樺太へのメインルートの役割を担った。

ただ、当初は大型船が接岸できる岸壁が港内になかったため、連絡船の旅客は小舟に乗り換えて桟橋から上陸し、さらに桟橋や市街地から離れたこの大泊駅まで徒歩などで移動して列車に乗っていた。明

広軌化のため3線軌条になっていた頃のコルサコフ駅

治41（1908）年に開業した大泊駅は、樺太に第一歩を記した旅客が北上して樺太各地へ向かう拠点駅として賑わったが、市街地からはやや離れた場所に位置していて、連絡船の旅客にとってはとりわけ不便だった。

このため、築港工事が大正年間から進められ、昭和3（1928）年に完成。それと同時に、大泊駅から桟橋まで鉄道が延伸して桟橋上に「大泊港駅」が設置され、連絡船の旅客は大泊港駅を利用するようになった。しかも、大泊―大泊港間には栄町という、市街地により近い駅が設けられ、連絡船に接続する列車は桟橋上の大泊港駅が、大泊市民を対象にした列車は栄町が起終点となった。郊外にある大泊駅は、この時点で樺太の玄関駅としての地位や機能が著しく低下することになった。

ところがその後、終戦直前に南樺太へ不法侵入したソ連によって鉄道は全て接収され、稚泊航路は途絶。接続相手である船が来なくなった大泊港駅はソ連統治下でいつのまにか消滅した。市街地に近い栄町駅も地図上から姿を消し、大泊港駅の開業によって存在感が薄れていた大泊駅が、市名に合わせてコルサコフ駅と改称され、樺太東部の幹線鉄道の起点駅に返り咲いたのである。

戦後、ソ連はコルサコフを軍港に指定して外国人の立入りを固く禁じていたため、ソ連時代のコルサコフ駅の詳細はよくわからない。半世紀近くが経過し、ペレストロイカとソ連崩壊によってコルサコフ市が外国人にも開放されたとき、コルサコフ駅に発着する旅客列車はユジノ・サハリンスク（豊原）への近郊列車が1日数本あるだけのローカル線の終点駅になっていた。その後も旅客列車は減り続け、近年は朝夕各1往復ずつだけが細々と運行されているだけで、しかもしばしば長期運休する。沿線を頻繁にバスが走っているため、列車の利用者はごくわずか。市街地まで歩くと20分ほどかかるため、周辺の人家もまばらな駅周辺は寂寥感が漂い、駅舎もうらぶれて見える。明治末期から昭和初期にかけての栄華の面影はどこにもない。

ただし、樺太では2003年から、島内の線路の幅を日本時代の1067ミリからロシア国鉄と同じ1520ミリへ改軌する計画が進められ、2020年に全島で改軌が完了した。このコルサコフ駅構内ではかなり早い時期から既存のレールの外側にもう1本のレールを敷いて、広狭軌共同で利用できる3線式軌条工事が行われていた。いずれ、コルサコフ駅に大型の長距離旅客列車が発着し、昭和初期の殷賑が戻ってくるようなことがあるだろうか。

③ノボジェレーベンスカヤ駅
……辛くも生き残った「奥鈴谷」駅

戦前の樺太における最大の鉄道名所は、樺太第一の都市・豊原と西海岸の港町・真岡《まおか》を結ぶ豊真線《ほうしん》の

森の中に佇む小さなノボジェレーベンスカヤ駅

途上にある宝台《たからだい》ループ線であった。終戦から45年後に現地を旅した宮脇俊三はこのループ線を「鉄のカーテンの奥の奥の幻のような存在」（『韓国・サハリン鉄道紀行』文藝春秋、平成3年）と形容したが、トンネルの中で大きく円を描きながら急勾配を上り、トンネルを出た直後にそのトンネル入口を鉄橋で跨いで通過する路線の全容写真は、日本時代は絵葉書や旅行ガイドブックに掲載されていた。

戦後、豊原はユジノ・サハリンスクへ、真岡はホルムスクへとそれぞれ名を変えたが、樺太南部の東西を結ぶ重要路線としての豊真線の位置付けは変わらず、ソ連国鉄の下で運行が続けられた。だが、ソ連崩壊後の１９９０年代半ばに宝台ループ線のトンネル崩落事故が発生して運休となり、そのまま現在に至っている。

こうして、かつての豊真線のほとんどの区間は１９９０年代に事実上廃線となってしまったが、宝台ループ線から離れたユジノ・サハリンスク近郊の一部区間は、かろうじて廃線を免れた。それが、日本時代は奥鈴谷《おくすずや》と呼ばれたノボジェレーベンスカヤまでの16・2キロである。朝夕に短編成のローカル列車が1往復ずつ運行されるだけのローカル支線で、途中駅は2～3両のディーゼルカーさえ収まりきらないほど小さなホームが森の中に潜んでいるだけ。終点となったノボジェレーベンスカヤ駅も森の中の無人駅で、駅周辺には人工的な街並みの雰囲気がほとんど感じられない。かつては上下線が行き違うことができたであろう島式ホームの片面に線路が残るのみ。駅の外れで線路は断ち切られ、その先には未舗装道路となった線路跡が繁みの向こうへと続いている。

ノボジェレーベンスカヤは昭和3(1928)年、豊真線全通時に奥鈴谷駅として開業した。当時、中小規模の集落は1駅東の鈴谷駅付近に散在しており、奥鈴谷はもっぱら次の滝ノ沢までの登り坂を控えて準備を整えるために設けられた停車場であったと言ってもよい。開業当初は信号所扱いだったようで、ここから滝ノ沢までの13・4キロの1区間には8つのトンネルがあり、急坂の頂上にある標高135メートルの滝ノ沢駅は樺太の鉄道最高地点であった。

それが、ループ線の運休によって、日本時代以来の山岳路線への準備地点としての駅の性格を失ってしまった。それでもこのような小駅までの短区間を残存させたのは、ユジノ・サハリンスクの市民がダーチャ(家庭菜園付きのロシア式別荘。都市部の庶民が郊外に持っていることが多い)へ通う際に鉄道を使うことが多く、その便宜を図るためであったと言われている。

夏季の休日に朝の列車がノボジェレーベンスカヤ駅に到着すると、ほとんどの客がさっさと森の中へと消えていく。駅前広場のような空間はなく、人家がほとんど見当たらない駅周辺にはすぐに静寂感が漂う。そして、折り返し列車の乗客はほとんどいない。もちろん、外国人観光客の姿など皆無である。

[※ノボジェレーベンスカヤ駅は2019年11月、廃線に伴い廃止された。]

④ブィコフ駅
……日本時代から21世紀まで営業を続けた唯一の支線の終点

かつて日本が領有していた樺太の鉄道路線は、日露国境だった北緯50度線以北、及び東海岸（オホーツク海）側の路線と西海岸（間宮海峡）側を結ぶ北部横断線（１９７１年開通）を除き、今もほとんどが日本統治時代に建設された区間ばかりである。その多くが、終戦時に鉄道省（後の国鉄。現・ＪＲグループ）の管轄下にあった国有鉄道であった。元を辿れば、東海岸を走る現在のドリンスク（落合）―ポロナイスク（敷香《しくか》）間は樺太鉄道という私鉄だったが、昭和16（１９４１）年に樺太庁に買収されて国有化された。したがって、終戦時まで私鉄だったのは、もっぱら本線から分岐する支線や専用鉄道だった。

その中で、21世紀まで旅客列車が運行され続けた路線はただ一つ。ユジノ・サハリンスク（豊原）の北方32キロのソコル（大谷《おおたに》）から内陸側へ分岐し、終点・ブィコフ（内淵《ないぶち》）に至る23・２キロの支線である。第２次世界大戦中の昭和19（１９４４）年４月に樺太人造石油という株式会社が開通させ、翌昭和20（１９４５）年３月に帝国燃料興業株式会社と合併。同社の内淵線として終戦を迎え、ソ連に接収された。この経緯や会社の性質からもわかる通り、もともと戦時下の産業用路線として敷設された路線であって、旅客営業は二の次であった。21世紀まで、樺太では珍しい支線として旅客営業を続けられたのは、ユジノ・サハリンスクの近郊路線として一定の需要があるからだろう。旅客列車は朝と夕方にブィコフからユジノ・サハリンスクへの直通列車が往復していただけで、完全な通勤路線である。

終点のブィコフ駅は、廃墟と化した工場などが点在する小集落の入口に位置している。樺太では珍しく、プラットホームの高さが日本のように車両のドアの位置と同じ高床式だ。ユジノ・サハリンスクをはじめ、ほとんどの駅ではホームが線路と同じ高さにあるので、列車の乗降時にはデッキを上り下りしなければならないのだが、このブィコフ駅ではそれをしなくていいので乗客には優しい。

人影が少ない夕暮れのブィコフ駅

もっとも、その高床式ホームは1面しかなく、短編成のディーゼルカーが停車できるだけ。無人駅で、駅周辺に観光資源などは何もない。駅前にはソ連時代からの古びたアパートが建ち並び、ソ連時代のものと思われる労働者を描いた巨大な壁画が道路に面している。集落は駅からさらに先へと続いているが、見るからに寂れた雰囲気だ。そもそも駅前広場と呼べる空間がなく、町の中へ入っていく大通りの傍らにホームがあるだけなので、存在を知らずに自動車に乗っていたら見逃してしまうだろう。

この存在感のない終着駅の狭いホーム上に、どこにも入口がない小さな白い小屋がある。乗務員や保線員の待機所なのか、倉庫なのか、それとも昔は待合室だったのか。私がロシア語を解さない点は差し引いても、訪問時は他に旅客がほとんどおらず、駅員もいないので確かめようがなかった。

［※ヴィコフ駅は2019年5月、廃線に伴い廃止された。］

（３）モンゴル

①ナライハ駅
……旭天鵬の故郷はモンゴル鉄道史の起点

現在の大相撲では横綱まで昇りつめた朝青龍や白鵬をはじめ、モンゴル人力士が非常に多い。その大半は首都・ウランバートル出身なのだが、平成４（１９９２）年のデビュー以来、最古参のモンゴル出身力士として20年以上現役を務めた元・関脇の旭天鵬（現・友綱親方。２００５年に日本国籍を取得）は、国技館での場内放送で「モンゴル・ナライハ出身」と紹介されていた。館内の観客もテレビ桟敷の視聴者も、ウランバートルの名なら聞いたことがあるかもしれないが、「ナライハ」なる場所がモンゴルのどこにあるのか、知る人はほとんどいないだろう。

ナライハは、ウランバートルから約40キロ南東の郊外に位置しており、行政区上はウランバートル市の飛び地に含まれている。露天掘りが多いモンゴルの炭鉱としては珍しい坑内掘りの炭鉱として、１９２１年から石炭の採掘が進められてきた。この炭鉱の

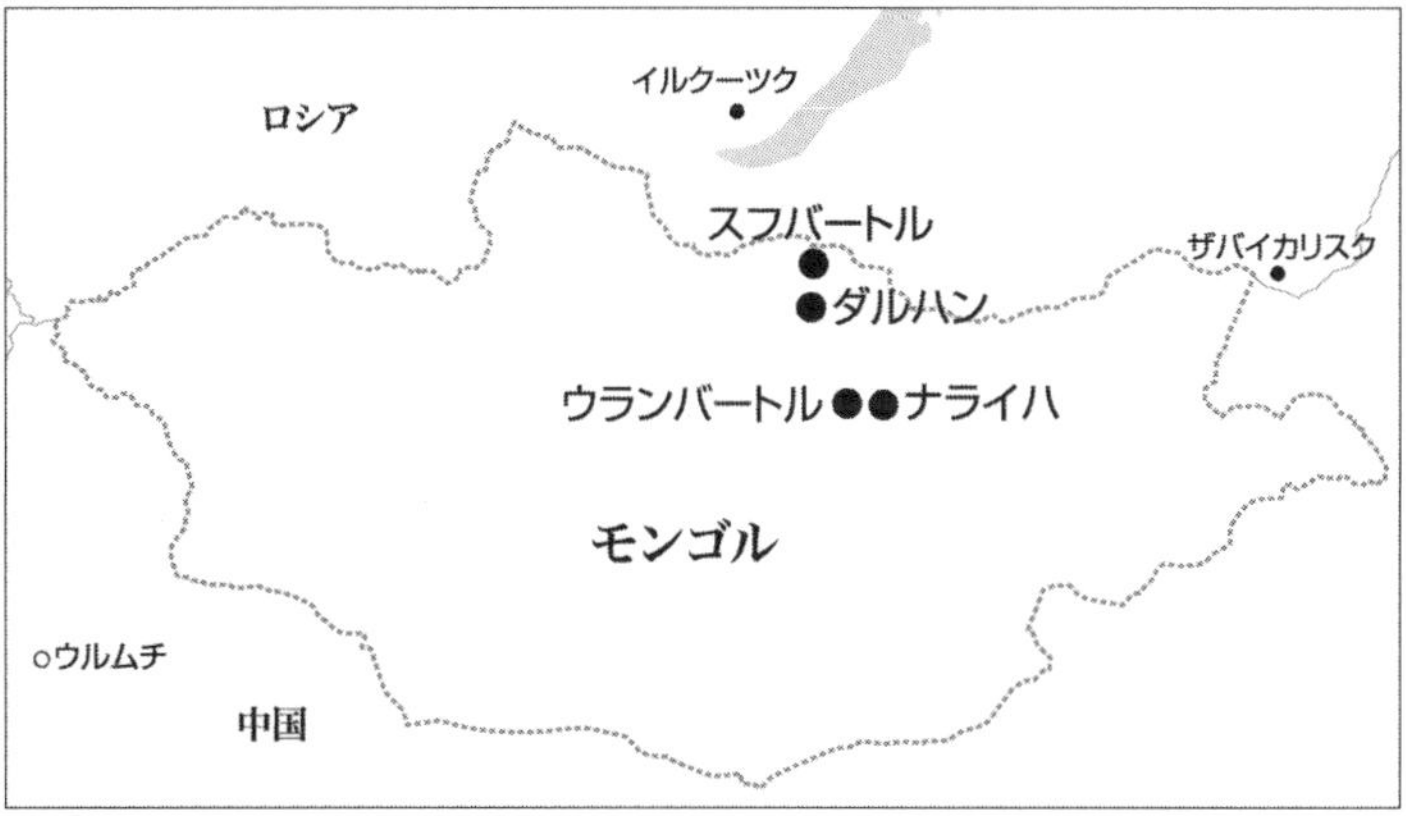

巨大な石炭の積出し施設がそびえ立つナライハ駅

開発促進や石炭輸送を目的として、１９３８年にナライハからウランバートルまで軌間７５０ミリの軽便鉄道が開業。これが、モンゴルでは初めての鉄道であった。戦後、共産主義体制下でモンゴルの国土を南北に貫きソ連と中国へ直通する鉄道が整備されると、ナライハからの支線も本線にあわせてソ連と同じ１５２４ミリ（当時）に改軌されている。

だが、一時はモンゴルの主力炭鉱として国内経済を支えたナライハ炭鉱は、１９９４年に生産を停止。現在は小規模の採掘が細々と続けられているに過ぎない。このため、貨物輸送が中心だったナライハ支線は輸送量が激減し、近年はたった1両の客車が機関車に牽かれてウランバートルとの間を１日１往復するだけの超ローカル路線となっていた。しかも、その貴重な1往復の旅客列車は、夕方にウランバートルからナライハへ向かい、翌朝早くナライハから戻ってくるという運行スタイルなので、ウランバートルからは日帰り旅行でも利用は困難だった。

何しろ、貨物輸送が中心だったナライハ駅は集落の中心部からは大きく離れた場所にあり、駅を降りても巨大な石炭の積み出し施設が廃鉱時のまま放置されていて、その周囲は茫漠とした荒野が広がるばかり。人影のない駅周辺には寂寥感ばかりが漂っている。駅を少し離れてみれば広大な緑の草原と遊牧民の居住用テントであるゲルなどが遠望できるので、モンゴルの雄大な草原の眺めを心ゆくまで堪能できるし、旭天鵬はこんな何にもないところから日本へやって来たのかと感慨にふけることもできるが、それより帰りの列車は翌朝までなく、他に公共の交通機関など皆無である。何の準備もなくふらりとナライハまで列車の旅をしようものなら、助けを求める人もなく、日没間近の到着後に途方に暮れるしかない。およそウランバートル市の一部とは思えない僻地なのだ。

閉坑後も旅客営業していること自体が不思議だった路線であり終着駅だったのだが、２００７年、ついにこのナライハ行きの唯一の旅客列車は姿を消した。もともと石炭輸送のために建設された路線であり、旅客輸送はそのおまけに過ぎなかったのだが、伝統あるモンゴル最古の鉄道駅の表舞台からの引退にしてはあまりにもひっそりとしすぎていて、あの寂しげな駅周辺の雰囲気を思い起こすと少々かわいそうな気がしないでもない。

②スフバートル駅
……英雄の名を称する最北端の駅

社会主義国では、国家や共産主義社会全体に功績があったとみなされる人物の名前がそのまま地名にされることがある。中国には「毛沢東広場」があちこちにあるし、ロシアのサンクトペテルブルグはソ連時代にはレーニンにちなんでレニングラードと呼ばれた。ベトナム南部のサイゴンは国父とされるホーチミンの名がそのまま都市名になっている。

ロシアからの越境旅客向け「モンゴルへようこそ」の看板（スフバートル駅）

ソ連崩壊の影響を受けて社会主義を放棄したモンゴルにも、そんな習慣で付けられた地名が今もある。ロシア国境に近い最北端の町・スフバートルだ。モンゴルには首都のウランバートルを筆頭に「英雄」を意味する「バートル」を語尾に付した地名が数多くあるが、スフバートルは20世紀初めの軍人の名である。社会主義革命の過程で軍功を挙げたものの29歳の若さで亡くなり、社会主義政権樹立後のモンゴルでは長く「革命の英雄」とされてきた。ウランバートルには彼の遺体を安置した霊廟が造られ、遺体が保存されていた。遺体は２００４年に火葬され、霊廟自体も翌２００５年に取り壊されて姿を消したが、北辺の国境都市の名称としては今も健在である。

国境都市のスフバートルには、国境の向こうから鉄道が延びてきた。１９４９年にソ連側からスフバートルを経てウランバートルまでの鉄道が直結。１９５６年に南方で中国と線路が繋がった後は、中国からシベリア鉄道でモスクワへ通じる最短経路として、南北に走るモンゴルの鉄道は多くの外国人に利用されるようになる。国境のスフバートル駅でも、北から来てモンゴルの第一歩をこのホームで記し、あるいはこの駅を最後にモンゴルを離れる旅人の姿が日常風景となっている。数少ないレストランに入ると、メニューがロシア語併記になっているのがいかにも国境都市らしい。

もっとも、国境の貿易都市らしい賑わいはなく、駅を出ても街自体はひっそりとしている。ロシア風の住宅が広い間隔を空けて建ち、ときどき自動車が砂煙を上げて通り過ぎる。古くからあった都市ではなく、ソ連と通じる鉄道ができたのと同時に開かれた町なので、鉄道による交易以外に産業らしいものがないのだろう。スフバートルという人名由来の地名も、もともとこの場所に目立った地名などなかったから付けやすかったのかもしれない。

ロシアの雰囲気が色濃く漂う駅前の街並みを抜けて東へ向かうと、郊外に日本人墓地の跡がある。満洲や千島列島、南樺太にいた大勢の日本人男性が第2次世界大戦の終結後にソ連軍に強制連行され、モンゴルにも1万人以上が抑留されていたのである。日本へ帰れずモンゴル国内で落命した抑留者たちは1600人以上に上るという。埋葬されていた遺骨はソ連崩壊からしばらくして収集されて日本へ返還されたため、今は参拝者もなく荒涼としている。

その抑留時期は、ちょうどスフバートルに鉄道が建設されていた時期と重なる。日本人が抑留されていた旧ソ連各地には抑留者の手による建造物が今も見られるが、スフバートルの鉄道建設にも駆り出されていたのだろうかと思うと、雄大な草原の汽車旅も神妙な気持ちになる。

③ウランバートル駅
…ゲルとビルが混在する首都の玄関

モンゴルの大草原を走る列車の車窓には、広々とした緑の絨毯のような草原と、その上を移動しながら生活する遊牧民たちが暮らす「ゲル」と呼ばれる白い円形の移動式住居がしばしば現れる。日常的な乗り物として馬に跨る男たちの姿もあちこちで見られる。伝統的な草原での遊牧生活を垣間見るのに、列車の旅ほど容易な手段はないだろう。

そんな雄大な眺めが続く国でも、首都のウランバートルにはさすがに近代的な高層ビルが建ち、大通りを自動車が行き交う。その一角に位置するウランバートル駅も、欧風の巨大な駅舎がそびえ立ち、中国やロシアへの国際列車が発着する都会の筆頭駅らしい風格を漂わせている。

この重厚な駅舎は1949年、北方のロシア国境からウランバートルまでの縦貫線が全通した際に建設された。駅前広場にせり出した中央部分から左右に2層構造の建物が伸びていて、その両翼の屋上にはローマ字とキリル文字で「ウランバートル」と大書された文字が掲げられている。完成当初は平屋だったが、1964年と1994年に大掛かりな改修が行われ、現在は2階建てになっている。

ただし、切符売場はこの広い駅舎内ではなく南側に隣接するガラス張りの瀟洒な別棟内にあり、近距離・長距離を問わず乗車券を求める人たちでいつも混雑している。なお、国際列車の乗車券を入手する場合はここではなく、駅から少し離れた住宅街の中にある国際列車乗車券売場へ足を運ぶ必要がある。

駅舎内には1階と2階に待合室が5つあるほか、食堂やキオスクのような小売店、それに国際列車の発着駅らしく免税店も開設されている。待合室はそれぞれ小さく、昼夜を跨いで走る長距離列車の発着駅らしくはない。

実は、築70年を超えたこののどかな首都の欧風駅舎は、複合ビルに建て替えられる計画があるという。そうなると、今は手狭に感じられる駅舎内の雰囲気は一変するだろうし、ホームで列車を待つ客層や駅構内全体に流れる空気も変わる可能性がある。

ウランバートル駅舎。
国際列車の発着駅らしく「DUTY FREE SHOP」の看板が見える

現在は駅舎内や駅ホームへの立入りは自由で、特に改札口などは設けられていない。ホームは3面5線で、旧ソ連と同じ広軌（1520ミリ）の線路の幅やその上を走る列車の図体の大きさに圧倒される。駅の片隅の引込線には貨車が連なり、ディーゼル機関車が駅構内をひっきりなしに往来する。

そうした駅の全景は、駅構内の外れにある跨線橋の上に立つとよく見渡せる。駅の裏手の空き地に白いゲルが物置代わりに置かれているのも目に入る。都会の中にゲルが違和感なく収まっている眺めは、活発さとのどかさが同居するウランバートルならではだろう。こうした雰囲気が、新駅舎誕生後の駅周辺になお残っているだろうか。

④ダルハン第1駅・ダルハン第2駅
……草原に浮かぶ北モンゴルのターミナル

国土の大部分を広大な草原が占めるモンゴルでは、南北を貫く鉄道路線の営業上、きっと困っただろうなと想像してしまうことがある。それは、駅名をどう付けるか、という問題である。

日本のように人が暮らす集落が点在し、それらを結ぶ街道が古くから発達してきた地域では、伝承された地名や、街道の分岐点に付けられた「追分」などの地名があるから、近代以降建設された鉄道はそれらの地名を最寄りの駅に付ければよかった。だが、行けども行けども草原ばかりのモンゴルでは、そもそも固有の地名というものが国土全体に切れ目なく存在しているわけではない。特定の場所に定住しない遊牧民族にとっては、地名という存在の意義が薄かったのかもしれない。そのため、草原の途上に設けられた信号場などの小さな鉄道施設では、「○○キロ」のように起点からの距離表示をそのまま駅名にしているケースが見られる。

ある程度の都市が形成された場所では、駅の名前もその都市の名前になるのは他の国と変わらない。首都ウランバートルの北方約280キロに位置するダルハン市もその一つだ。ウランバートルに次ぐモンゴル第2の都市で、市内は「旧ダルハン」と「新ダルハン」の2つの地区に大きく二分されている。駅もそれぞれの地区にあって、旧ダルハンにある駅はダルハン第1駅、新ダルハンの駅はダルハン第2

駅と名乗っている。どちらの駅からも支線が出ていて、それぞれ交通の要衝として賑わっている。

ダルハンとは、チンギス・ハンの側近官僚の称号と言われている。それがこの北方の地方都市名になっているのは、ダルハン市が、社会主義国時代の１９６１年にソ連の影響を受けて誕生した、鉄鋼業を軸とする人工的な工業都市であり、それ以前には確たる地名がなかったからではないかと推測できる。

列車の発着で賑わうダルハン第1（旧ダルハン）駅

地名がない場所に民族の英雄や歴史上の人名を充てることは、社会主義諸国では頻繁に行われていた。ソ連崩壊後、市内で次々と大規模工場が閉鎖され、経済破綻の影響で一時は犯罪者が急増する治安悪化都市となっていた時期もあったが、21世紀に入って、国際的な工業都市として再び息を吹き返している。

ウランバートルからやって来る旅客列車は、ダルハン第２駅で折り返すか、さらに北方へ向かう列車はダルハン第１駅で長時間停車することが多い。そのため、この区間を日中に走る列車に乗れば、どちらかのダルハン駅でホームに降りて一服したり、旅客や駅の様子を眺めて歩くことができる。ソ連の影響らしい殺風景な駅舎やホームに旧ソ連製の機関車や客車が発着する様子は、急速に西欧的な彩りが増えつつあるロシア国内の鉄道駅よりも、むしろ旧ソ連時代の地方鉄道の面影を色濃く残しているかもしれない。

第2章 中国

永州駅（湖南省）。乗客が作り立て弁当売りの台車に群がる

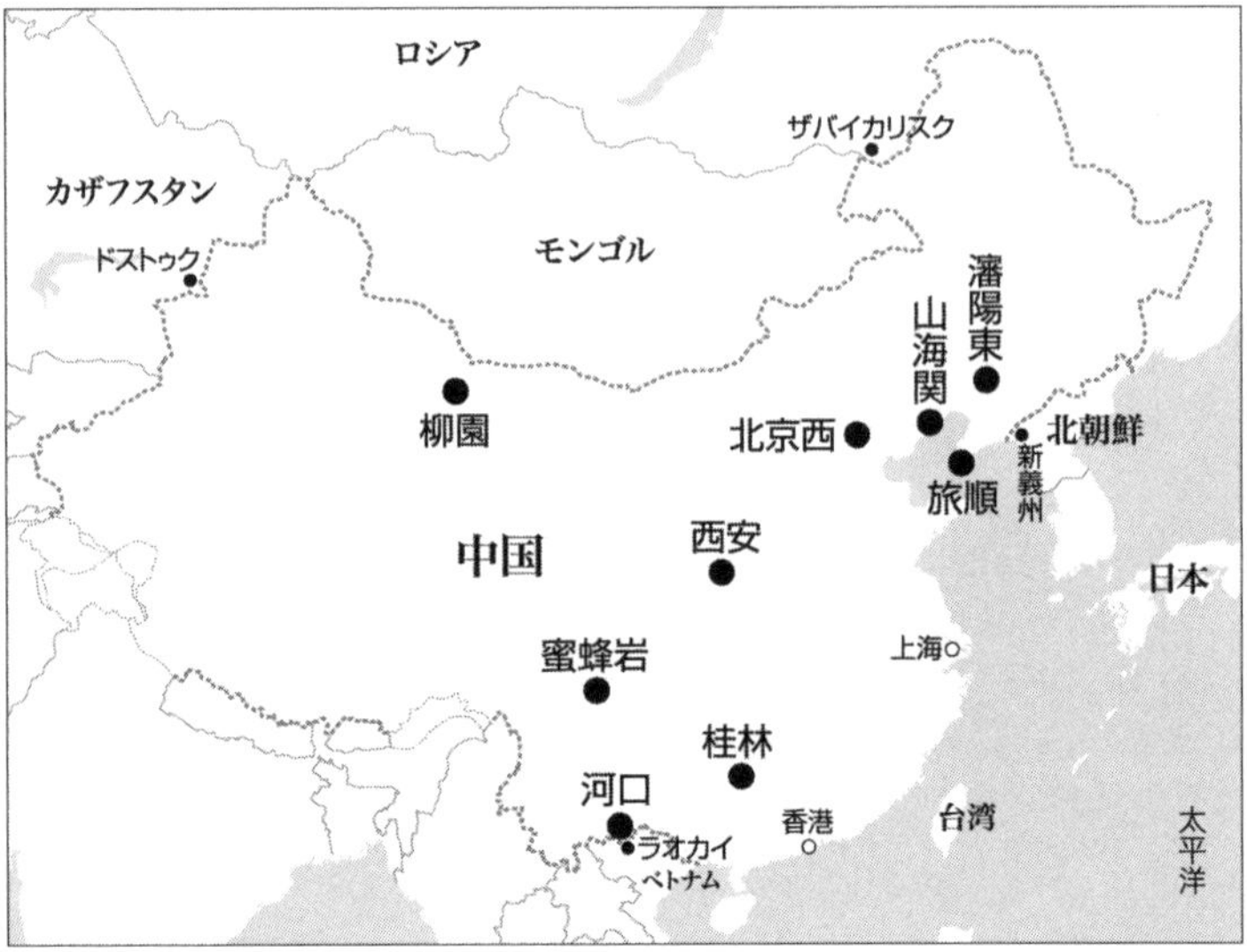
ロシア
ザバイカリスク
カザフスタン
モンゴル
ドストゥク
瀋陽東
山海関
柳園
北京西
北朝鮮
新義州
旅順
中国
西安
日本
上海
蜜蜂岩
桂林
河口
香港
台湾
太平洋
ラオカイ
ベトナム

①北京西駅……香港を目指したアジア最大規模の駅

鉄道延長網の規模では欧米にも日本にも引けをとらない鉄道大国・中国では、首都の玄関駅といえば、長らく北京駅だけだった。鉄道が発達している欧米では一都市に複数のターミナルが存在し、行先別に機能が分化しているケースが多いのに比べると、いかにも一極集中、中央集権を志向する中国らしい。駅舎正面に掲げられた「北京站」の文字には毛沢東の親筆が用いられるなど中国国鉄の筆頭駅として扱われ、毎日大勢の国内外の旅客を受け入れてきた。

だが、経済発展によって鉄道輸送量が増加したことで、首都駅が1つだけでは輸送力が飽和状態に達しつつあった。そこで、中国が北京の新ターミナルとして1996年1月にオープンさせたのが、この北京西駅である。総工費約50億元（開業当時のレートで約650億円）を注ぎ込んだこの城塞のような巨大な駅は、総床面積が50万平方メートルで北京駅の約7倍。2万人収容のコンコースや7000台収容の駐車場などを備え、「アジア最大規模の駅」といわれている。開通式には当時の政府首脳が列席し、その模様は国営の中国中央テレビで実況中継された。

日本でも、北京西駅開業のニュースが新聞やテレビで報じられた。外国の一鉄道駅の開業を、日本のマスメディアがわざわざ伝えたのである。

もっとも、工期を4年から2年半に短縮して強引に開通式にこぎつけたことから、華々しい報道の陰

5～10分おきに各方面への長距離列車が頻発することを示す北京西駅の電光掲示板

に隠れた問題点も開業当初には随所に見られた。私は開通式の半月後に早速この北京西駅を利用したのだが、当時の中国ではまだ珍しかったコンピュータ発券機により「旅客が切符売場の大行列から解放される」とのふれこみだったのに、実際には駅員が窓口で非機械式の硬券をいちいち手売りしていて、切符を買うまで3時間以上も行列を強いられた。駅舎内はあちこちがまだ工事中で、使い勝手も悪かった。一利用者としては「これでどうして〝開業〟なのか」と不満を感じたものだが、のちに設計や工事の手抜きが続々と発覚。その改修工事に莫大な追加費用が投入された。

北京西駅からは、江西《ジャンシー》省の九江《ジウジャン》を経由して香港へ通じる「京九《チンジウ》線」という路線がほぼ同時期に完成した。香港の中国返還を翌年（１９９７年）に控え、何としても北京─香港間の新たな直通路線の玄関駅を開業させておきたかったのだろうか。当時の最高指導者・鄧小平は「車椅子に乗ってでも、中国の主権が回復した香港の地を踏みたい」と願っていたという。だが、鄧小平は香港返還のわずか4ヵ月前に92歳で死去し、その夢は叶わなかった。

さまざまな問題点や思惑をも秘めつつスタートした「アジア最大規模の駅」だったが、北京駅との役割分担が進み、近代設備が計画通りに機能するようになってからは、中国国鉄の輸送力強化や旅客サービス向上に大きく貢献してきたことは間違いない。今では、主に南方への北京の玄関駅としてすっかり定着している。２００３年には北京市民の香港旅行が自由化され、シャワー室などを備えた香港行きの豪華な寝台特急が、大勢の北京市民を乗せて、毎日、北京西駅を旅立つ時代になったのである。

②柳園駅
……世界遺産・莫高窟の玄関として駅名が転々

古来、ラクダの隊商が中央アジア方面から広大な砂漠を横断し、さまざまな文物を東の中国へと伝えてきた。その遥かなる東西の交易ルートは近代以降、シルクロードと呼ばれるようになった。遠方から長い時間をかけ、厳しい地勢を乗り越えて来るその日本離れしたスケールの大きさと、中国に伝来したものがやがて海を越えた日本にまで届いてきたという身近さとがあいまったせいなのか、「シルクロード」という名前は、日本人に独特のエキゾチズムを感じさせることが多いようだ。

そのシルクロードに沿って、現代では中国から中央アジアへと鉄道が繋がっている。このシルクロード鉄道の途上にある代表的な観光地が、世界遺産にも指定されている莫高窟《ばっこうくつ》を擁する敦煌《トンファン》である。映画にもなった井上靖の名作『敦煌《とんこう》』の舞台でもあり、訪れる日本人観光客の姿が絶えない。柳園《リウユエン》駅は、そんな世界的観光名所の玄関駅として長年親しまれてきた。

もっとも「玄関駅」とは名ばかりで、敦煌の街まではだだっ広いゴビ砂漠の中を走るバスに乗り換え

改築前の柳園駅舎（1996年撮影）

て3時間を要する。１９９７年に改築されるまでは平屋の小さな駅舎が寂寥感漂う小集落にポツンと佇んでいて、世界遺産への最寄り駅という面影はほとんど感じられず、どこから見ても辺境のローカル駅の趣きであった。それでも、長らく敦煌への航空路線は整備されておらず、長距離バスは道路も車両も悪くて難行苦行を強いられるのが当たり前だったので、外国人であっても観光客はこの小駅からバスに乗り換えて敦煌を目指すのが一般的だった。

　ところが、中国国民の生活レベルが上昇して国内を観光旅行する中国人が急増すると、駅舎を観光客向けに建て替えたり、ときには駅名まで変えてしまうという発想が中国国鉄に芽生えた。柳園駅も駅舎が改築され、２０００年7月には敦煌市から１３０キロも離れているにもかかわらず、「敦煌駅」と改称された。日本で言えば、静岡県の沼津駅を東京駅と称するような話だが、駅の関係者は以前からこの駅名変更を望んでいたという。確かに、敦煌を訪れる観光客にとって最寄り駅であることがわかりやすくなったが、「中国全土で最も市内から遠い駅」と呼ばれるようになるなど、アクセスの不便さが根本的に改善されたわけではなかった。

　その敦煌駅の地位を揺るがしたのが、２００６年3月に誕生した、甘粛《カンスー》省の省都・蘭州《ランチョウ》から敦煌市までの敦煌鉄道という新路線だ。終点の新・敦煌駅は市街地から10キロほどの郊外にあり、2008年7月には壮麗な巨大駅舎が正式オープン。敦煌への陸上アクセスは劇的に改善されることとなった。

こうなると、遠く離れた従来の敦煌駅の存在感が大きく低下するのは避けられない。敦煌鉄道誕生に先立つ2006年1月、長年親しまれてきた「柳園駅」に再改称されてしまう。ようやく摑みとった「敦煌駅」の名を、わずか5年半で手放さなければならなくなってしまったのである。地理的に見ればもともと「敦煌駅」を名乗ること自体に無理があったのであり、正しく戻ったということなのだが、本来は固定されるべき地名や駅名がいわば営業上の理由で二転三転したという経緯は実に資本主義的であり、建前上は社会主義国であるはずの中国の現状をよく表しているケースと言えるかもしれない。

③瀋陽東駅
……張作霖によって建設された名駅舎が佇む

中国・東北部に残る満洲国時代の代表的建築物としてよく知られているものの一つに、赤レンガの瀋《シェン》陽《ヤン》駅舎が挙げられる。満洲国時代は奉天《ほうてん》駅と名乗り、特急「あじあ」をはじめとする各地からの優等列車が発着して隆盛を極めた。新中国が成立し、半世紀以上が経過した現在は街の中心駅としての地位を瀋陽北駅に譲った感はあるが、重厚感溢れる駅舎の威厳は今なお健在だ。

だが、瀋陽にはこのほかにも、今は訪れる人も稀な名駅舎を構える駅がある。

瀋陽では、瀋陽北駅が「北站」、旧奉天駅である瀋陽駅が「南站」と呼ばれているのだが、その名駅

張作霖の意向で建設された瀋陽東駅舎

舎を持つ駅は、「東站」の名で地元住民に親しまれている。現在の名は瀋陽東、かつてはズバリ「瀋陽《しんよう》」だった。

瀋陽東駅は昭和2（1927）年、当時満洲一帯を支配していた有力軍閥・張作霖が、満鉄併行線敷設禁止協定を破り、満鉄の営業妨害をするために米英からの援助を受けて建設した奉海鉄道の始発駅だった。開業当初は奉海駅と称していたが、昭和4（1929）年に路線名が瀋海鉄道へと変更されたことに伴い瀋海駅へと改称。やがて、昭和7（1932）年に満洲国が成立した後に瀋陽駅へと再改称され、満洲国鉄に編入された。現在の瀋陽東へとさらに改称されたのは、戦後になってからのことだ。

街外れに建設されたとはいえ、政治的意図を持った路線の起点であり、満洲を代表する大都市の玄関駅と位置付けられていたこともあってか、駅舎は緑のドーム屋根を中央に備えた巨大な欧風様式で建てられている。もっとも、〝欧風〟と称したが、旧奉天駅舎のような赤レンガによる純然たる欧式というわけでもない。丸みを帯びたドーム屋根を戴き、円柱を模したような洒落たデザインの正面玄関、土台の石垣の上に乗るようにややクリーム系の白色に塗られた外壁の佇まいなど、どこか帝政ロシア風や中華風との折衷感を漂わせている。巨大なドーム屋根の真下は天井の高い待合室兼切符売場になっていて、ガランとした館内では、大勢の長距離旅客がひしめく往時の喧騒が静寂を破って聞こえてくるような気さえする。

幅広のプラットホームとその前にそびえる欧風駅舎は昔日の殷賑を偲ばせるが、今は旅客駅としてはほとんど機能していない。同一市内に瀋陽をはじめとする拠点駅がすでに整備されていたこともあり、市の中心部から大きく離れた駅は、鉄道路線網が発達する中で必然的にその重要性を下げていった。

瀋陽北駅とこの東駅を結ぶ市内バスは設定されているものの、東駅に着いたところで、駅舎の入口にはカギがかけられて中に入れないことも少なくない。玄関には「瀋陽市不可移動文物」と記されたプレートが掲げられていて、行政が保存対象としている貴重な建物であることがわかるのだが、何しろ列車で来るような観光客は皆無。観光ガイドブックにも紹介されていない、幻の駅とでもいうべき存在なのだ。赤レンガ駅舎の南站の陰に完全に隠れきってしまっているが、瀋陽での鉄道名所巡りには、この東站もお忘れなく。

④河口駅
……列車の姿が消えたベトナム国境駅

中国の国鉄は、原則として日本の新幹線と同じ国際標準軌（軌間1435ミリ）で全国に敷設されているが、ごく一部に、東南アジア各国で主流となっているメーターゲージ（軌間1メートル）の路線が存在する。その代表例が、雲南《ユンナン》省の省都・昆明《クンミン》からベトナムへと通じる昆河《クンホー》線である。1910年に開通したこの路線は、中国側の終点・河口《ホーコウ》駅から国境を越えてベトナムへと通じている。当時、「滇越《てんえつ》鉄道」と呼ばれたこの路線は、ベトナムを植民地としていたフランスが、隣接する雲南地方を勢力下に置くために建設した鉄道だった。それゆえ、軌間はベトナム側と同じメーターゲージが採用されたのだ。ちなみに、「滇」は雲南地方の古称、「越」は「越南」、つまりベトナムを意味する。

その後、第2次世界大戦を経て、中国側の区間は新中国に接収されて昆河線となり、ベトナム側の区間はフランスから独立した北ベトナムに帰属。1950年代以降、中越蜜月時代は貨物列車が両国間を頻繁に往来した。だが、1979年に両国間で戦争が始まると、ベトナム側を中心に鉄道施設は徹底的に破壊されてしまう。

それから17年。1996年に国際貨物列車の運行が再開されると、翌97年には初めて昆明北―ハノイ間を旅客列車が直通するようになる。これにより、中国側国境の河口駅は開業から87年目にして、ついに国際旅客列車の国境第一駅となったのだ。

中国の陸の玄関となった河口駅は、南渓《ナンシー》河という中越両国を隔てる川沿いに位置している。鬱蒼と生い茂る緑の崖の一部を切り拓いたと思われる細長い駅構内には、旅客用ホームが駅舎に面した1線だけ。ホームを外れた目の前に、メーターゲージ仕様らしい小さな単線トンネルが口を開けている。このトンネルをくぐって左へ大きく半円を描き、再び外に出たところで南渓河を渡ってベトナム領内へと列車は直通するのである。国際列車は河口までは昆河線の国内列車に連結され、週2回、中越両国鉄の車両が相互乗入れを続けていた。

ところが、2002年5月に昆河線の旅客列車が安全上の理由で運休になると、国際列車も必然的に

旅客列車が来なくなった河口駅構内

運休に追い込まれる。その後、一時的に昆河線の国内列車は復活したものの、2004年以降は中国の時刻表から全線直通の国内列車のダイヤも非掲載に。国際列車の運行開始から10年も経たないうちに、旅客列車そのものが国境の河口駅に来なくなってしまったのだ。峻嶮な山岳路線の宿命で、沿線の一部に崩落箇所が発生したことが運休の原因と言われている。

旅客の姿が消えた現在の河口駅は、ホームの一部が地元住民たちの生活道路と化していて、自転車や単車が頻繁にホーム上を疾走している。ホームの屋根から下がっていた駅名標は、もはや使用しない意思を強く示すかのようにねじ曲げられている。駅構内の信号機は通電しているし、閉鎖された駅舎や隣接の宿舎に少数の鉄道員が勤務しているので、鉄道駅としての機能が完全に停止したわけではない。だが、旅客の流れは並行道路を走るバスに完全に移行していることや、メーターゲージの昆河線は中国国内の他の路線と直通運転ができないことなどを考えると、100年の歴史を持つ河口駅がわずか5年余りだけ見せた旅客の賑わいを再び取り戻すことは、もはや叶わないのではないかと思われる。

⑤桂林駅
……世界中から観光客が集まる奇岩奇峰の景勝地

中国の鉄道は都市部の近郊列車を除き、長距離列車は原則として全て指定席となっている。ところが、近年は中国全土をカバーする切符の予約サイトを利用してオンラインで予約できるようになっているものの、列車の始発駅に発券枚数の割り当てが集中しているため、始発駅からの切符でないと手に入りにくい。そのため、列車で都市部から地方の都市や観光地へ旅行しようとすると、目的地へ行くときは始発列車が多いから何とかなるが、その目的地から再び列車に乗ろうとしても始発列車が少ないため、切符が買えず乗車できないという問題に直面する。

広東省《クワントン》の西、広西《クワンシー》チワン族自治区に位置する景勝地・桂林《グイリン》もそんな地方の観光都市の一つだ。平地からボコボコと山が飛び出してノコギリのように連なるカルスト地形の奇岩奇峰の景観が見どころで、中国内外から観光客が集まって来る。列車で桂林に向かうときは、到着前から車窓の前後左右にこのノコギリ型の山々が展開し、車内の乗客たちの眼を楽しませてくれる。

桂林駅は第2次世界大戦直前の1938年に開業した。戦時中はいわゆる〝援蔣ルート〟上の駅として位置付けられ、戦後は長く桂林唯一の陸の玄関口として賑わっていたが、1997年に桂林北駅が開業した後は「南駅」と呼ばれるようになり、混雑もいくらか緩和されたという。とはいえ、長距離列車が桂林に到着するたびに大勢の観光客がどっと下車する光景は、昔も今も変わらない。旗を持った添乗員が引率する団体旅行客が多いのも、観光地の玄関駅らしい。現在は北京からベトナムへ直通する国際列車も発着する。

そして、この国際列車も含め、多くの列車にとって桂林は途中駅。したがって、下車するのは比較的容易だが、桂林から寝台列車に乗って遠方へ旅を続けるのはそう簡単なことではない。しかも、日本ではA駅からB駅を経由してC駅へ向かう列車の指定席をA—B間とB—C間で別々に販売することが一般的に行われるが、中国ではつい最近まで、1つの列車でA—B間の切符を販売したら、B—C間では同じ席を空席にしたまま販売しないということをやっていた。そうした名残もあり、中間駅から数の少ない上級クラスの指定席券や寝台券を入手しようと思ったら、地元で鉄道当局と強いパイプを持つ旅行会社に早めに依頼するのが、今でも最も確実な方法となっている。

観光客の利用が多い桂林駅

かくして桂林は、気ままに列車で中国を旅したい個人旅行者にとっては、多少の手間を要する観光地となっている。最近は桂林駅に降り立つ欧米系のバックパッカーも珍しくないが、漢字が読めない彼らにとっては、日本人以上に桂林発の乗車券入手のハードルは高いだろうと想像できる

（座席指定のない最下等の硬座ならまだ駅で自力購入できるかもしれないが、私の経験上、中国の長距離列車で欧米人旅行者が寝台以外に乗っているのを見たことがない。一方、日本人旅行者は平気で硬座にも乗る）。桂林という土地そのものはすでに国際級の観光地だが、桂林駅が国際旅客にもいっそう馴染みやすい駅となるには、中国国鉄の乗車券販売システムのさらなる進化が必要といえるかもしれない。

⑥旅順駅
……帝政ロシア時代に誕生した軍港の玄関駅

中国という国は、今では外国人がどこでも自由に旅行できる国になったと思われることが多いが、実はそうではない。外国人が自由に訪れることができる地域は「開放区」と位置付けられ、開放区になっていない地域は対外非開放地域として、許可を得なければ外国人が立ち入ることはできない。１９９０年代までは『地球の歩き方』の中国編に、「中国開放都市一覧」という表が掲載され、「外国人は中国を自由に旅行することはできない」と明記されていた。開放区の方が例外的扱いだったのだ。

つい最近までそんな非開放地域だったにもかかわらず、日本人によく知られていたのが遼東《リャオトン》半島の先端に位置する旅順《リューシュン》である。その玄関口となる旅順駅は、かつて多くの日本人旅行者で賑わった歴史を持っている。

旅順駅が誕生した１９０３年当時、この地域は帝政ロシアの租借地であった。駅舎がロシア風なのはそのためである。その後、日露戦争を経て日本が租借権を引き継ぎ、やがて南満洲鉄道の所属となった。

１９４５年に日本が第２次世界大戦に敗れるとソ連軍が旅順駅を接収し、新中国成立後は中国国鉄に帰し、大連からのローカル支線として細々と運行が続けられてきた。知名度の高さのわりには、乗降ホームは駅舎に面した１線のみと規模が小さい。

駅のすぐそばに軍港があるため、街全体が外国人に閉ざされ、長くベールの向こうに隠れた存在だったが、２００９年になって、外国人観光客の増加などを狙って正式に開放区の仲間入りをした。旅順には日露戦争の戦跡が多く、対外開放は主に日本人観光客を意識した措置であったらしい。事実、旅順を訪れる外国人観光客の多くは日本人と言われている。

ロシア風の旅順駅舎。
駅の史蹟案内では1900年に帝政ロシアが建設したと説明されているが、実は日露戦争後に満鉄が建設した2代目駅舎である（初代駅舎は真向かいに公安の派出所として現存）

ところが、軍港そのものは変わらず機能し続けているため、駅周辺でカメラを取り出して駅舎にレンズを向けた外国人観光客が軍関係者に身柄を拘束されるなどの事件が今も少なくないという。〝ネギ坊主〟と呼ばれる膨らみを持ったロシア風尖塔が特徴の駅舎は大連市の文化財に指定されていて、行政府がその歴史的価値を認めているのだが、その駅舎を記念写真として撮ろうとするだけでスパイ扱いされかねないのでは、気軽に見物するのもためらわれてしまう。

現在、大連―旅順間には高速道路を通じて路線バスが頻発しており、旅順の観光スポットを巡る旅行者の大半は大連発着のツアーバスなどを利用する。日本統治時代は日露戦争の戦跡巡りをする観光客が大勢利用した駅舎も、今は地元客が細々と出入りするだけで、駅舎の見物客は自動車でやって来るのが実情である。

［※旅順駅は2014年4月、旅客列車の廃止により乗車券販売窓口以外の旅客営業が中止された。］

⑦山海関駅

……万里の長城の東端ではなくなった

華南、あるいは華中という中国中部や南部を指す広域名称に対して、中国北部一帯は古くから「華北」と呼ばれていた。その呼称が意味する具体的な地域に明確な定義はないが、北京や天《ティエン》津《チン》を含む河《ホー》北《ペイ》省や山西《シャンシー》省、さらに内モンゴルを包含すると理解されている。

この「華北」には、それよりさらに北にある遼寧《リャオニン》省や黒竜江《ヘイロンジャン》省、吉林《チーリン》省といった中国東北部と称される地域は含まれない。現在の中華人民共和国に関する地理概念だけを前提にすると理解しにくいのだが、これは、この地域を拠点としていた満洲族が明王朝を倒して清王朝を建てるまでは伝統的に「中華」の範囲外、つまり中国本土ではないと考えられてきたからである。異民族の侵入を防ぐための万里の長城が概ねこの華北の北辺に沿って築かれたのも、戦前の満洲国が華北より北の東北部を中華民国から切り離して成立したのも、中国、とりわけ漢民族が長い歴史の中で理解してきた中華の地理概念を基礎としていたことに基づいている。東北部を中国本土の一部と解する清朝以降の方が、長い中国の歴史の中では異質な考え方なのだ。

河北省の最東端に位置する山海関《シャンハイクアン》駅を最寄り駅とする観光地・老龍頭《ラオロントウ》は、最近まで万里の長城の東端とされていた。「最近まで」というのは、２００９年に中国政府が「万里の長城はもっと東の遼寧省の中朝国境まで延びていた」と発表したことによる。

戦前は国境駅だった山海関駅（1996年撮影）。この駅舎は2004年に改築され、現存しない

もっとも、老龍頭へ実際に足を運んでみると、長城の先端が海中に届かんばかりにギリギリまで続いていて、まさに大陸に連なる巨大な城壁の果てだと実感させてくれる。ここが、長い中国の歴史の中で本土と北の異民族地域との境界地点とされていた事実は動かしようがない。文字通り、山海関は中国大陸における山と海の関所だったのだ。

その境界地点としての性格は、昭和７（１９３２）年に満洲国が成立した後に山海関駅でも顕在化した。清朝時代の１８９４年に開業した同駅は北京—奉天（現・瀋陽）間を結ぶ京奉鉄道の中間駅だったが、満洲国が万里の長城以北に成立した後は中華民国と満洲国との国境駅の役割を担った。駅構内で満洲国と中華民国双方の税関検査が同時に行われ、旅客は山海関駅に到着すると車内で手回り品について、託送手荷物はホームの検査所で検査を受けた。当時の旅行ガイドブックには「山海関駅の検査では本人の立会いがない限り荷物を留置されるから注意すること」などと記されている。

その後、日本が第2次世界大戦に敗れて満洲国が消滅すると、山海関駅は再び平凡な中間駅に戻った。国共内戦を経て成立した中華人民共和国の国土が満洲国だった地域にも及んだため、華北という名は、山海関という地名と共にその字面の意味する本来の概念を失うこととなった。かつては全ての旅客列車が国境審査のため停車していた山海関駅を、今では最速の特急列車の約半数が通過している。

⑧蜜蜂岩駅
…廃線寸前から甦った軽便鉄道のスイッチバック駅

中国では、全国各地に高速鉄道網が続々と広がっていく一方で、21世紀になっても、蒸気機関車が観光用ではなく現役の実用機関車として運用されている地域がまだあちこちで見られた。振り返ってみれば、日本も昭和39（1964）年に東海道新幹線が開業してから昭和51（1976）年に蒸気機関車が現役引退するまで10年以上かかっているのだから、高速鉄道が本格的に普及し始めた中国で蒸気機関車との併存が見られてもおかしいことではない。

もっとも、旧態依然たる蒸気機関車の存在は鉄道路線の近代化の妨げとなることから、中国国鉄の本線上では、2008年の北京オリンピックまでに蒸気機関車の姿はほぼ姿を消した。地方の小さな産業路線のごく一部にかろうじて残る蒸気機関車は、皮肉なことに、経済発展した都市部の中国人や外国人向けの新たな観光資源となっているケースもある。

その典型的な例が、四川《スーチュワン》省の成都《チョンドゥー》から南に２００キロほど離れた山奥を走る芭石《バーシー》鉄道である。石炭の運搬目的で敷設された軌間７６２ミリの軽便鉄道で、他の国鉄線等とは一切接続していない。貨物列車のほか、沿線住民のためにマッチ箱のような古びた客車を連ねた旅客列車も運行されていて、開業した１９５０年代から時間が止まったままのようなミニＳＬの定期運行が長く続けられてきた。一時は老朽化により廃止されかけたが、その貴重な姿に注目した外国人鉄道ファンが多く訪れ、それをきっかけに今度は中国国内から中国人観光客が多く押し寄せるようになり、観光資源として活用すべく廃止方針は撤回された。

蜜蜂岩駅停車中。後方は方向転換中の蒸気機関車。客車に載せようとした家畜のブタがホームを逃走

蜜蜂岩《ミーフェンヤン》という駅は、この路線の途中に位置するスイッチバック駅である。麓町から徐々に勾配を登ってきたＳＬは、この駅で方向転換をしてさらに山奥を目指す。半円を描いて走るオメガ（Ω）ループ線や、春には黄色い菜の花に囲まれる桃源郷のような光景は、この駅を出てトンネルをくぐった先に待っている。

勾配の途中にあるスイッチバック駅なので、山の下から列車が接近するときはかなり遠くから何度も汽笛が聞こえてきて、でもなかなか姿を見せない。駅員室でお喋りをしながら待機していた男性は、汽笛が聞こえてしばらくしてからようやく立ち上がり、駅の外れで列車が来るのを待つ。

列車が到着すると、蒸気機関車が前後で入れ替わる。その作業のため、蜜蜂岩駅では停車時間が長い。客車には沿線住民と大量の荷物、時には家畜のブタまでが生きたまま載せられる。向きを変えて出発準備が整い、今度は駅を出て右手の登り坂へとカーブしながら消えていく。

その直後、線路上には機関室からの石炭があちこちにこぼれ落ちていて、駅の近所の人たちが我が家の燃料として使うためにかき集めていく。国内外からの観光客が大勢来るようになっても、列車が去った後の沿線住民の落ち着いた表情や生活感のある光景は変わらない。

⑨西安駅
……シルクロードの起点として名高い旧都の駅

唐代は長安と呼ばれ、西域へ通じるシルクロードの起点として栄えた西安《シーアン》の玄関・西安駅は、現代では上海から蘭州までの隴海《ロンハイ》線という路線の中間駅となっている。蘭州から先へはさらに路線名を変えて新疆《シンジャン》ウイグル自治区や中央アジア諸国へとレールは続いている。西安駅は、その長いシルクロード鉄道の途中駅のような線形で、地図上の存在感は薄くなっている。実際の駅の構造も、ヨーロッパのターミナルや上野駅の地上ホームのような櫛形の頭端式ではなく、列車が通過できる一般的な旅客ホームが並ぶだけなので、シルクロード鉄道の始発駅としてのイメージは抱きにくい。

とはいえ、西安駅は年間約３０００万人の乗降客が利用し、繁忙期には1日17万人もの旅客で賑わうシルクロード鉄道随一の要衝である。駅の窓口で切符を購入するために並んでいると、新疆ウイグル自治区方面の出身と思われる少数民族の人が、大きな紙片にピンイン（中国語の発音記号。ラテン文字に四声の記号を付けたもの）で字を書いて、漢民族の駅員と窓越しに意思疎通を図っている姿を見かけたりする。広東省などでは、漢字を共通文字としつつ発音の違いから漢民族同士で筆談をする場合もあるが、漢字を用いない少数民族も学校でピンインは教わるため、ピンインを書けば筆談も可能となるのだ。そんな光景は、中間駅といえども「西域」への始発駅の趣きを感じさせる。

シルクロード方面へ向かう列車が待機する西安駅ホーム

西安駅が開業したのは中華民国時代の１９３５年で、一時は長安駅と名乗っていた時代もある。明治時代から鉄道網が発達した日本に比べると、西安に鉄道が通ったのが昭和初期とは意外な気もするが、中国では港湾に近い地域から鉄道網が拡大していったため、内陸に位置する西安への鉄道到達には時間がかかったのだろう。

戦後はさらに西へと線路が少しずつ延び、１９９０年代になって中央アジアと線路が繋がった。シルクロード鉄道随一の要衝として、西安駅は21世紀に入った後もますます重要度が増していくかに思われた。

ところが、2011年になって、市街地に近い西安駅の北方に、高速鉄道専用の西安北駅が開業した。中国各地に広がりつつある旅客専用の高速鉄道網の一角であり、当初は鄭州《ジェンジョウ》など東方との区間列車だけが発着していたが、その後、路線が西へと延伸して発着列車も乗降客数も拡大している。将来は、アジア最大級の駅として西安の陸の玄関としての役割を担うことが構想されている。

高速鉄道は日本の新幹線と同じく貨物輸送から切り離されているので、在来線の西安駅が今後もシルクロードの物流の拠点として一定の役割を果たし続けることには変わりがない。だが、中国各地への高速鉄道網の拡大が進み、旅客の主たる流れが高速鉄道へ定着していくにつれて、西安駅は地元や近距離区間、あるいは高速鉄道の恩恵を受けない辺境地方への長距離列車を利用する人たちだけが利用するローカル駅へとその様相を変えていくのかもしれない。

第3章 北朝鮮

北緯38度線に近い開城駅ホームの駅名標。左隣は韓国のため駅名が空欄になっている

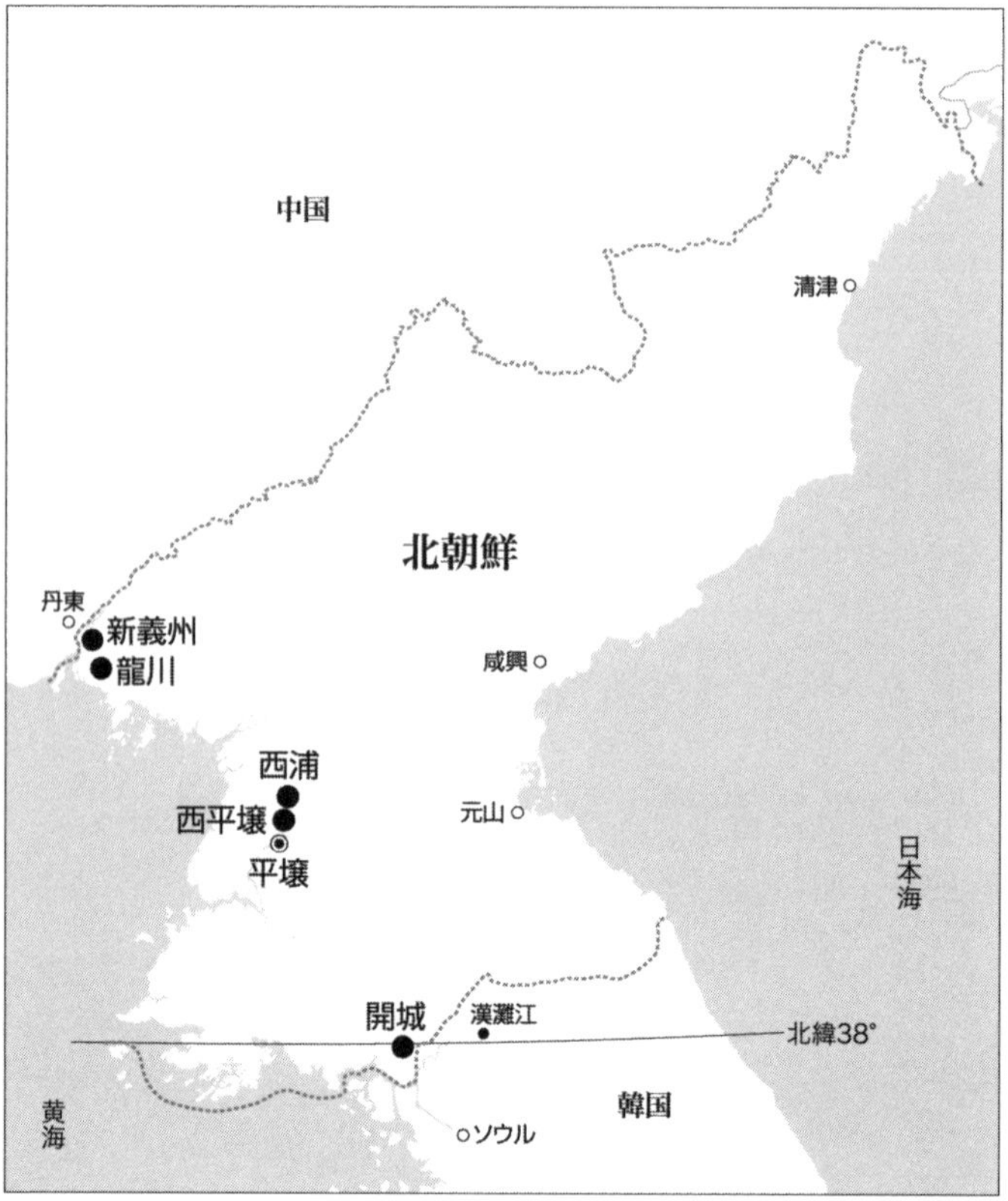
中国
清津
北朝鮮
丹東
新義州
龍川
咸興
西浦
西平壌
平壌
元山
日本海
開城
漢灘江
北緯38°
黄海
韓国
ソウル

①開城駅
……知られざる北の鉄道中断点

2007年5月、南北分断から半世紀以上の時を経て、韓国と北朝鮮とを結ぶ直通鉄道の試運転が実施された。ソウルから直通運行が可能な京義線《キョンウィ》では、韓国の車両が軍事分界線を越えて北朝鮮まで往復。その折り返し駅が、北側の京義線の終点・開城《ケソン》である。

市街地全体に伝統的な朝鮮式家屋が建ち並び、高麗王朝時代の面影を色濃く残す古都の玄関口である開城駅は、大韓帝国時代の1908年に開業。日本統治時代の京義《けいぎ》本線全盛期には、満洲国や中華民国へ直通する国際急行も停車する交通の要衝だった。京城《けいじょう》（現・ソウル）まではノンストップの急行列車で約1時間、鈍行列車でも2時間足らずで行けたため、開城《かいじょう》から汽車で京城の学校へ通う女学生もいたという。

日本の敗戦とほぼ同時に朝鮮半島が南北に分断されると、北緯38度線のすぐ南側に位置する開城は韓国領となった。領土同様に断ち切られた京義線は、南側ではソウルから開城より1駅平壌寄りの土城《トソン》（現・開豊《ケプン》）までの区間運行となる。それが、朝鮮戦争によって開城が北朝鮮領に帰属したことで、開城駅は北朝鮮側を走る京義線の南寄りの終着駅として分断の歴史を歩むことになったのだ。このため、鉄のカーテンの向こう側に隠れてしまった戦後の開城駅の様子は、よくわからないことが多い。

ただ、1980年代後半から1990年代の初期にかけての数年間だけ、日本人が開城駅を利用でき

開城駅構内から南の韓国方面を望む

た例外的な時期がある。北朝鮮が日本人観光客の受入れを始めた1987年当時、平壌《ピョンヤン》から開城や板門店《パンムンジョム》へ行く際、平壌—開城間では列車の利用が主流だったのだ。大規模な訪朝団の場合は日中に貸切の特別列車が仕立てられ、一般の観光客の場合は夜行列車に外国人専用の寝台車両が連結された。開城駅のホームには、外国からの訪朝団を遇するための専用の待合用建物が建てられており、駅舎の隣に今も健在である。

こうした外国人の列車輸送は並行する高速道路が完成した1992年まで続き、その後は再び、外国人がほとんど訪れることのないローカル駅に戻った。

日本時代に建てられたSL用の給水塔が今も残る駅構内には、近年は旅客列車と貨物列車が1日に各2本発着するだけで、大半の時間は閑散としている。日本時代は大幹線として複線化されていたが今は単線となり、駅の北側には放棄された複線の片側のトンネルが空しく口をあけたまま。トンネルの前は厳しい食糧事情を反映してか、細長い路盤をめいっぱい使って畑にされている。韓国側では2000年の南北頂上会談以降、京義線が徐々に北へ向かって延伸し様相を変えてきたのに、北の開城駅は頂上会談以降もほとんど変化がなかった。

ところが、2007年5月の南北直通列車の試運転で久々に国外からの注目を集めた開城駅には、こぢんまりとした従来からの駅舎の横に、韓国の協力で建てたと思われる現代的なガラス張りの新駅舎が出現していた。同年12月から翌年（２００８年）11月まで行われた韓国からの日帰り開城観光はバスを利用しており、開城駅には近寄らなかったものの、開城郊外の観光地へ向かう高速道路上から眼下の市街地の真ん中に建つ新駅舎の姿をはっきり視認できた。南からの乗客がこの新駅舎を利用できるようになる日は、いつ来るのだろうか。

②西平壌駅
……朝鮮式の伝統駅舎は歴史の彼方に

外国人の国内移動に種々の制約が伴う北朝鮮で、一般の観光客でも比較的利用しやすい鉄道路線といえば、隣国・中国の北京や遠くロシアの首都モスクワへと直通する国際列車が走る平壌―新義州《シニジュ》間２２５キロだ。観光旅行の拠点となる平壌を離れ、北朝鮮の農村や地方都市を垣間見ることのできる貴重な機会でもある。

平壌を出発した列車は、市内を流れる普通江を2度渡って北上し、まもなく最初の通過駅・西平壌《ソピョンヤン》を通過する。ホームには直立不動の駅員がいるだけで、北京行きの国際列車が通過する時間帯には他の旅客の姿を見ることは少ない。ホームには小さな花壇や家庭菜園のような区画が見られ、こざっぱりとしているが、駅舎は無機質なコンクリートの小さな平屋建て。これといった特徴もなく、大半の旅客は気にも留めない存在だ。この西平壌駅が、かつて平壌駅にも勝る存在感を誇っていた時代があったこと

西平壌駅前。日本統治時代とは異なる場所にある

を、もはや平壌市民さえほとんど覚えていないだろう。

大正末期から昭和初期にかけて、朝鮮総督府鉄道局では、特に歴史的に由緒ある地域の駅舎は朝鮮情緒を表象する意味で、朝鮮式の外観と色調を採り入れて新築・改築するという方針を採用し、各地で実施した。東洋古来の建築はその構造美の観点から資材や技術面で困難を伴ったが、こうして誕生した朝鮮様式の駅舎は、その後、日本の信越本線長野駅の仏閣型駅舎（昭和11年竣工。平成8年、長野新幹線の開業に伴い改築されて消滅）など、ローカルカラーのある駅舎建築の手引きをなしたものとも言われている。

朝鮮半島を縦断する京義本線では、西平壌《にしへいじょう》駅がこの改築対象となった。西平壌駅は日本統治時代、平壌《へいじょう》市内の中でも朝鮮人街に近かったため、利用客は朝鮮人が中心だったという。昭和4（1929）年に誕生した新駅舎は、レンガ造りの平屋建てで屋根は天然スレート葺き、やや近代化された朝鮮様式の威容を誇っていた。

その名物駅舎の面影を、今は北朝鮮の車窓から探すことさえできない。というのも、現在の平壌―西平壌間の路線は日本統治時代末期の昭和16（1941）年から18（1943）年頃に建設された短絡ルートで、戦後の北朝鮮はこの短絡ルート上に西平壌駅を移設したからである。

現・西平壌駅は、外国人旅行者の一般的な平壌観光ルートから外れているため、その詳細な様子を窺い知ることはほとんどできない。ただし、駅前広場のそばを自動車で通行する際に、こぢんまりとした駅舎を目にすることは可能だ。場所は変わっても、戦前と同じく駅前に路面電車やバスが発着し、市中から集まった人たちで駅前広場は列車の発着時間外でも賑わっている。小さな露店もいくつか出ていて、国の玄関である平壌駅前とは一味違った平壌市民の雑然とした息遣いが感じられる。駅舎の姿も駅の場所も日本統治時代とは大きく変わったが、この地元市民の活気だけは変わらず今に引き継がれている。

③龍川駅……謎の爆発事件で世界に名を知られた田舎駅

北京やモスクワへ向かう国際列車は、平壌—新義州間２２５キロでいくつかの途中駅に停車する。もっとも、国際列車の乗客に途中駅での乗降が認められる余地はほとんどなく、したがって、わずかな停車駅でさえ外国人旅行者にはほとんど縁のない地方都市の小駅でしかなく、通過駅の大半は北朝鮮国外の人間がホームに立ち降りることすらできない無名の田舎駅である。

２００４年4月22日、そんな影の薄い田舎駅の一つが突然、世界中から注目を浴びることになった。中国国境の新義州から15キロのところに位置する龍川《リョンチョン》駅で硝酸アンモニウムを積んだ列車が大爆発を起こし、駅を中心とする周辺地域の広範にわたって大勢の死者や負傷者が発生した。国内の鉄道事故がほとんど報道されない北朝鮮にあって、事故の翌々日には公式報道され、国連や諸外国からの救援策も

龍川駅構内。左前方に蒸気機関車の給水塔が見える

受け入れるという異例の展開を辿った。

この事故は、当時の北朝鮮の最高指導者だった金正日《キムジョンイル》総書記が乗る専用列車の通過直後に発生したことから、当初は専用列車の爆破を狙ったテロとの見方も浮上したが、真相はもちろんわからない。事故からわずか6日後に列車の運行は再開され、壊滅状態だった駅周辺の町並みも半年以内に復興した。

龍川駅での事故がこれほど大きく取り上げられたのは、外国人が利用する国際列車や最高指導者専用列車が通過する区間に位置していたという地理的事情が大きいが、開業当初からそのような幹線ルート上の駅であったわけではない。もともと龍川駅は日本統治時代の昭和14（1939）年11月に、新義州から延びる多獅島鉄道という私鉄路線の中間駅として開業した。当時は楊市《ようし》という駅名だった。この私鉄が翌昭和15（1940）年に楊市から南東方面の南市《なんし》（現在の塩州《ヨムジュ》）までの路線を開通させ、戦時中の昭和18（1943）年に新義州―楊市―南市間が国に買収されて楊市線となったことで、それまで山間部を経由していた朝鮮半島を縦断する幹線ルート・京義本線の短絡線的役割を果たすようになったのだ。戦後の北朝鮮がこの短絡線を正規の幹線とせず戦前の幹線ルートを維持していたら、楊市から名を変えた龍川駅で同じ事故が起こっても、これほど大きな国際ニュースにはならなかったはずである。

ヨーロッパへと続く大陸横断鉄道を形成し、華やかな豪華国際列車が駆け抜けた日本統治時代の栄光を知らない龍川駅には、その日本時代に建てられたと見られる蒸気機関車用の給水塔が21世紀になっても線路脇に建っていた。駅構内の南側に位置しており、爆発事故の中心部から離れていたことから、駅周辺の町並みを吹き飛ばした爆風の影響が小さく奇跡的に倒壊することなく残った。それもまた、事故直後に海外へ配信された数多くの現場写真などから判明したのである。この給水塔が無事だったという事実から、細長い駅構内のどの辺りで爆発が起き、どちらの方向に強い爆風が向かって被害を拡大させたかが早い段階で推測できた。無用の長物と化していた日本時代の給水塔の存在が、思いもかけず役に立ったのであった。

④新義州駅……日本統治時代から朝鮮半島の北の玄関だった

北朝鮮で外国人旅行者が最も訪れやすい鉄道駅は、国際列車に乗降できる首都の平壌駅であるという結論に異論のある人はいないだろう。だが、途中駅として停車したり通過するだけでなく、ホームに立ったり駅舎の中に立ち入ったりできる駅として平壌の次に外国人旅行者が訪れやすい駅は、と聞かれると、統計があるわけではないのでなかなか難しい。

その正解は、おそらく平安《ピョンアン》北道西部の鴨緑江に面した国境都市・新義州市の玄関駅である新義州駅であろうと思われる。平壌駅と同じく中国との国際列車の発着駅であることが大きな理由だが、旅客が必ず乗り降りする平壌と比べると、国境越えのために停車する新義州駅の見学のチャンスは、そのときどきの列車の運行状況や入線ホームの事情、旅行者のスケジュールなどによって大きく変わる。

新義州に鉄道駅が開業したのは大韓帝国時代の1906年。その後、日本統治時代に鴨緑江《おうりょくこう》を渡る国境の橋が建設されると、新義州《しんぎしゅう》駅は満洲と接する重要な国境駅となり、華やかな国際列車が行き交う大日本帝国の大陸向け玄関駅として賑わった。駅舎はステーションホテルを併設した3階建ての壮麗な欧風建築で、遠くヨーロッパへと続くユーラシア大陸横断鉄道との接続駅にふさわしい重厚感を有していた。

もっとも、国際列車の旅客が受ける国境通過の手続きは、現在とは違っていた。本来なら新義州駅で行われる日本側の税関検査は、対岸の安東《あんとう》（現・丹東《タントン》）で満洲側の検査とまとめて実施されていた。新義州駅の場所自体も現在より内陸寄りに位置していて、現在の位置に移ったのは、朝鮮戦争で駅が焼失してしまったことによると言われている。日本時代の新義州駅と鴨緑江との間には開業初期に新義州駅として機能していた新義州荷扱所という別の駅があり、貨物列車や両岸を結ぶ近距離客用のローカル列車が発着していた。

現在の新義州駅も3階建てで、駅舎内に宿泊施設が併設されている点も日本時代と似ているが、外国人旅行者がホテルを利用する機会はほとんどない。そもそも外国人が駅舎に立ち入ることができるのは国際列車の発着時にホームへ立ち降りることが認められたときだけで、それも常に下車できるかはそのときどきの国境審査官次第。車内待機を余儀なくされるケースもある。出国時と比べると、入国時は列

中国と国境を接する新義州駅舎

車でなくバスで鴨緑江を渡ってきて入国審査後に北朝鮮国鉄の客車に乗る場合があり、そのときは駅舎やホームをよく観察できる。中国人観光客の団体はよくこの手法で入国しているが、日本人を含む第三国人も同様の扱いを受ける場合がある。外国人の利用が予想されているため、駅舎内には小さいながら土産物を売る売店もある。

駅舎の外に自由に出るのは難しいが、駅舎内から駅前広場を眺めることはできる。広々とした駅前広場の鴨緑江側に巨大な金日成《キムイルソン》・金正日父子の銅像が建っていて、広場を往来したり駅舎に出入りする国民を見下ろしている。

⑤西浦駅

……地下鉄車庫が近い平壌の貨物ターミナル

2016年1月から、北朝鮮の首都・平壌を走る地下鉄で、国産の新型車両が営業運行を開始した。国営メディアによるニュースで配信された写真を見ると、車両工場らしき屋外に新型地下鉄車両が停車していて、金正恩《キムジョンウン》第一書記（当時。現・総書記）が現地指導をしている。その新型車両の背後には、深緑色の国鉄用客車編成の姿が見える。つまり、この車両基地は地下鉄の車両と国鉄の車両を同時に整備する場所ということがわかる。

この車両基地があるのは、平壌から国鉄線で北へ向かって2つ目の西浦《ソポ》という駅付近であろうと思われる。平壌から新義州方面行きの列車に乗ると、西浦駅付近で車窓右手に、地下鉄車両が並ぶ車両基地が並走する道路越しに見える。平壌市内を走る地下鉄のうち、南北に走る千里馬《チョンリマ》線の北端・プルグンピョル（赤い星）駅の北方へ、旅客営業をしていない線路がちょうどこの国鉄西浦駅付近まで延びているのだ。

西浦駅は日韓併合に先立つ1908（明治41）年、京義本線の京城（現・ソウル）―新義州間で旅客営業運転が開始されたのと同時に開業した。日本統治時代は「さいほ」という読み方だった。現在は北朝鮮国鉄の運営下で「西浦《ソポ》青年《チョンニョン》駅」と名乗っている。北朝鮮では、文字通り若者たちで組織される集団が建設活動等に従事した施設に「青年」の文字が織り込まれていることが多く、国境の新義州駅なども正式には新義州青年駅となっている。西浦駅の場合、旅客が待機するホームの駅名標にも「西浦青年」と赤い文字で彫り込まれている。

　旅客駅としては国際列車が素通りする小さな駅だが、北朝鮮の鉄道にとっては西浦駅は重要なポジションにある。旅客駅に隣接する巨大な貨物ターミナルがあり、中国からの国際貨物や北朝鮮全土からの貨物物資が集散するため、物流上の平壌の玄関口としての機能を担っているのだ。平壌に出入りする貨物列車はほとんどがこの西浦駅に発着する。行政や事業体クラスが扱う大型貨物だけでなく、平壌市民が荷物を受け取ったり地方へ送ったりする場合に、平壌駅ではなくこの西浦駅を利用することもあるという。

奥に建つ駅舎の正面に掲げられた駅名は「西浦」だが、
ホーム上の駅名標は「西浦青年」と4文字で表示されている

　そうだとすると、冒頭で紹介した地下鉄路線が西浦駅付近まで旅客営業を実施していたら、平壌市民にとってはさぞかし便利だろう。平壌市内には地下鉄だけでなく市内バスや路面電車も走っているが、路面電車は平壌―西浦間にある西平壌駅前へは行くものの西浦駅までは路線がない。路線バスがあるかどうかはわからないが、鉄道車両工場や貨物ターミナルがあることからも推測できるように、西浦駅付近は住宅が多い市街地ではなく、歩行者や走行する自動車の数も少ない。旅客営業の比重が貨物営業より低いためか、２０００年代初め頃まで日本統治時代の建設と思われる古びた小さな駅舎が使われていて、とてもそんな重要な駅には見えなかった。旅客向けのサービス向上を図るという発想で駅の様子を見ること自体が、社会主義国ではナンセンスなのかもしれないが……。

第4章 韓国

世界遺産に近い仏国寺駅。日本統治時代の昭和11（1936）年竣工当時の姿を保っている

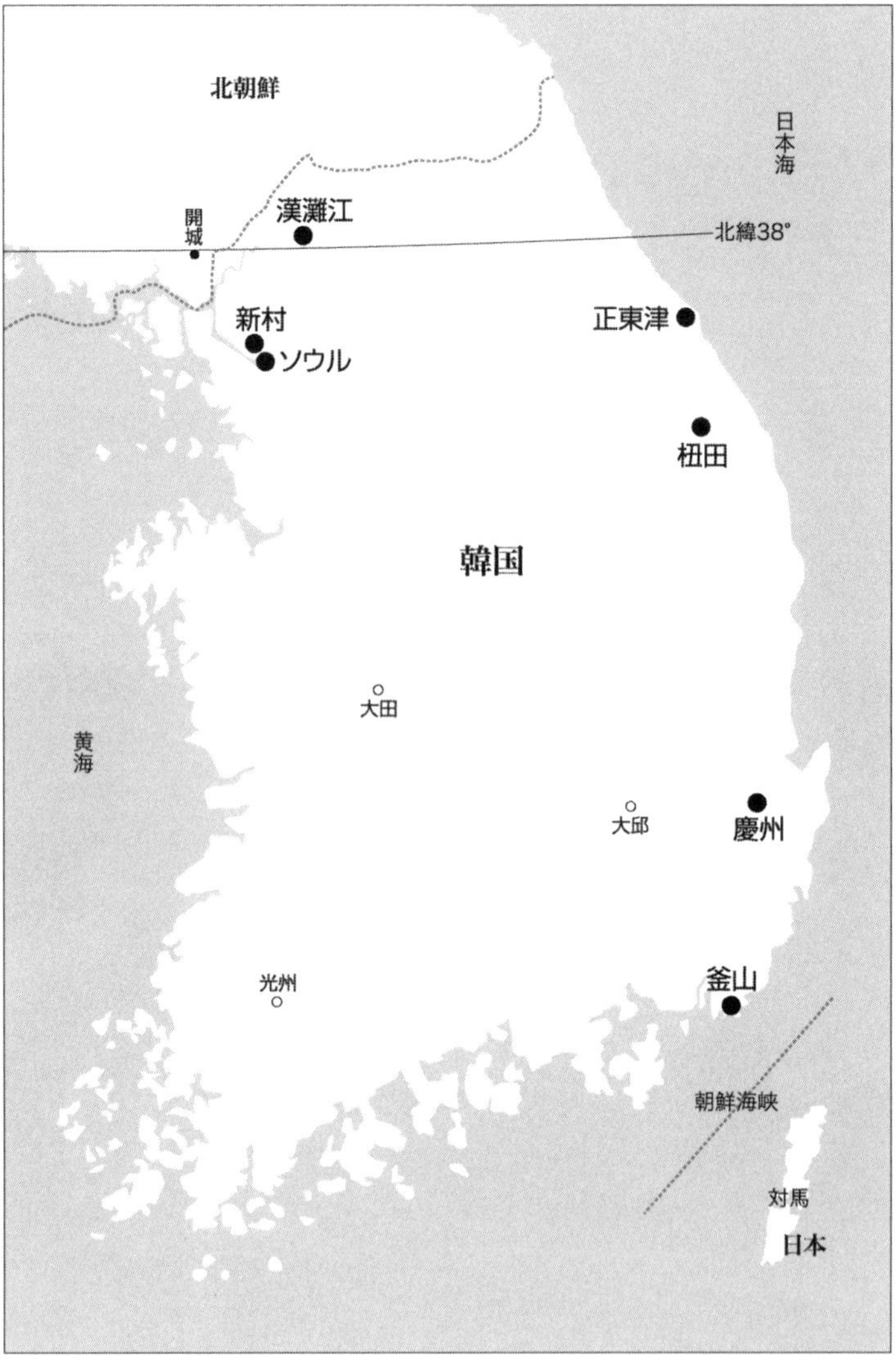
北朝鮮
日本海
開城
漢灘江
北緯38°
新村
ソウル
正東津
杻田
韓国
大田
黄海
大邱
慶州
光州
釜山
朝鮮海峡
対馬
日本

①釜山駅
……再びユーラシア横断鉄道の起点となる日は来るか

2000年6月に実現した韓国の金大中《キムデジュン》大統領と北朝鮮の金正日総書記との南北頂上会談で、「南北朝鮮を結ぶ鉄道の再連結」が具体的に検討されることに決まった後、韓国内の主要な鉄道駅にはユーラシア大陸とこれを横断する鉄道路線を描いた韓国国鉄の看板が相次いで掲げられた。それらの看板ではどれも、朝鮮半島から伸びる鉄道路線がヨーロッパまで、途切れることなく線路が続いている。

これらの路線図、ヨーロッパ側の目的地はフランスのパリであることが多いが、特にパリでなければならない明確な理由はないらしい。途中の経路もシベリア鉄道経由や中央アジア経由などさまざまだ。だが、大陸の東端、すなわち始発駅はいつも決まっている。それが、韓国南端の釜山駅《プサン》である。ユーラシア大陸横断鉄道構想が話題になるとき、大方の日本人は「東京から下関（または博多）まで行き、船で釜山に渡って……」という戦前の洋行ルートを思い浮かべるが、鉄道の直通運転を語るのに海を隔てた日本のことなど韓国人は全く眼中にない。韓国人にとって大陸横断鉄道の始発駅は、断固として釜山なのだ。

釜山駅の歴史は古い。大韓帝国時代の1905年元日に開業し、日本統治時代には京城（現・ソウル）や平壌、その先の満洲方面への直通鉄道の始発駅として多くの貨客で賑わった。釜山の町は日本内地の下関と関釜《かんふ》連絡船で結ばれており、釜山は内地側から見れば大陸への玄関口、朝鮮半島側から見れ

JR九州・博多駅との姉妹駅締結記念プレート。釜山駅はほかに、ロシアのウラジオストク駅とも姉妹関係にある

ば内地への出発地であった。

ただ、関釜連絡船の利用者が釜山駅を利用することはほとんどなかった。大正２（１９１３）年、釜山駅の手前から釜山港方面へ分岐する線路の先端に、「釜山桟橋」という停車場が設けられたからだ。「のぞみ」「ひかり」「あかつき」「大陸」といった優等列車は全て、関釜連絡船が横付けされるこの桟橋駅に発着し、釜山駅には姿を見せなかった。朝鮮半島の大動脈幹線も、第一の使命は日本内地との連絡運輸であったことを象徴する好例といえよう。

ところが、その日本の統治が終了するのとほぼ同時に朝鮮半島は南北に分断され、中国大陸はおろか、朝鮮半島内でさえ北緯38度線より北へ向かう列車の運行は不可能となってしまう。釜山を起点とするユーラシア大陸への直通鉄道は、韓国が〝暗黒の時代〟とみなす日本統治時代に発達し、その終焉とともに姿を消し、独立を回復して70年以上が経った今なお実現できずにいる、皮肉な夢のプロジェクトなのである。

もっとも、日本統治時代には真の起点駅となれなかった釜山駅は、独立後は名実ともに釜山の代表駅となり、ソウルへ直結する京釜《キョンプ》線のターミナルとして不動の地位を築いた。２００４年には韓国初の高速鉄道・ＫＴＸ（京釜高速鉄道）が開業し、韓国南部の交通の要衝として常に大勢の旅客で賑わっている。

いつの日か大陸直通鉄道が実現するときは、巨大な駅舎内に旅客の姿が絶えないこの釜山駅こそが、「北京」「MOSCOW」などの行先札を掲げた国際列車の始発駅となるに違いない。そして、桟橋で連絡船と接続しない釜山駅始発の国際特急は、「ユーラシア大陸横断鉄道の起点は釜山」であることを何よりも強く物語る存在となるのだろう。

②漢灘江駅

……韓国で列車が38度線を越える唯一の場所

昭和20（１９４５）年に日本がポツダム宣言を受諾して第２次世界大戦が終結すると、朝鮮半島は北緯38度線を境に、アメリカとソ連によって南北に分割占領された。この結果、38度線を越えて南北を結んでいた鉄道の運行は突如として中止された。ソウルから日本海沿岸の港町・元山《ウォンサン》まで通じ、南北朝鮮を結ぶと同時に朝鮮半島を横断する機能をも併有していた京元《キョンウォン》線は、終戦からわずか９日後に38度線付近で運行が遮断されてしまった。北側に帰属した京元線は当初はソ連によって、のちに北朝鮮によって運行が実施された。

その後、朝鮮戦争が勃発すると38度線は境界線としての意味をなさなくなる。北朝鮮軍が北方へ大きく後退した１９５０年11月には、分断以来５年ぶりに韓国側によって初めて、京元線が38度線を越え

漢灘江を渡って北側にある無人の旅客ホーム

て運行されたこともある。だが、中国の支援を受けた北朝鮮軍が南へ反攻すると京元線の運行は再び中断。結局、休戦協定によって成立した軍事分界線の南北双方で、日本統治時代は国際急行も疾走する大幹線だった京元線は２つの行止り型のローカル線となって現在に至っている。

朝鮮戦争によって軍事分界線の位置が変動したことで、韓国側の京元線は38度線の北側まで一部〝延伸〟した。鉄道路線が38度線を跨ぐのは、韓国側ではここだけだ。北へ向かう列車に乗ると、車窓の左側に「38線」という巨大な石碑が建っているのを目にすることができる。その直後、列車は高架橋梁で漢灘《ハンタン》江《ガン》を渡る。川を渡り終えたところにある片面ホームの無人駅が、38度線を越えて最初の駅・漢灘江である。ここから先は、朝鮮戦争前は北朝鮮領だった。

もっとも、北朝鮮領時代の5年間も、少なくとも旅客列車はここまで来ていなかった。日本統治時代は、ここからさらに2・5キロ先にある隣の全谷《チョンゴク》駅が38度線以北の最南端駅だったからだ。漢灘江駅が開設されたのは１９７５年、南北分断が現在の位置で固定化されてから20年以上が経過した後のこと。当時の韓国は軍事政権下にあり、鉄道や橋梁は軍事施設として厳重に警戒されていたことから、漢灘江の京元線鉄橋も例外なく歩哨が見守っていた。漢灘江駅ホームの南側には、ほとんど使われなくなった橋梁監視用の迷彩色の哨所が今もある。

漢灘江には京元線の鉄橋と並行して、現在は自動車と歩行者用の橋梁も架かっている。漢灘江駅で列車を降りて、この橋を渡って川の南側へ行くとすぐに、線路際に建てられた「38線」の石碑のそばに辿り着ける。この場所に38度線を示す標石が初めて建立されたのは１９７１年。１９８４年にいったん撤去されたものの、１９９１年に韓国が北朝鮮と同時に国連に加盟したことをきっかけとして、同年に現在の石碑が新たに設置されたのだという。

「南北を分ける38度線」と言っても、緯線が目に見えるわけでもなく、山河に白線が引かれているわけでもない。石碑がなければ、そこが38度線だとは全くわからないだろう。だから、漢灘江駅南方のこの石碑は、一般人に38度線を視覚的に感じさせてくれる稀少な存在なのである。

③慶州駅……昭和初期に建てられた朝鮮式駅舎

２０１０年、韓国の高速鉄道ＫＴＸが慶尚北道《キョンサンプクド》の古都・慶州市《キョンジュし》に乗り入れて営業運転を開始した。新羅王朝時代の数々の史蹟を市内に有し、地域全体が世界遺産に指定されている古都へのアクセスが飛躍的に向上したが、その玄関駅は新しく造られた新慶州駅。これまで多くの旅行者が古都観光の第一歩を記してきた伝統ある慶州駅は、開業から93年目にして、古都の筆頭玄関駅の地位を新駅に譲ることになった。

慶州駅に発着する在来線特急「セマウル号」

　慶州駅は朝鮮半島が日本統治下にあった大正7（1918）年、朝鮮中央鉄道という私鉄の駅として開業した。同時開業した浦項までの路線は当時、軌間762ミリの軽便鉄道だった。同鉄道は大正12（1923）年に各地の私鉄が合併して朝鮮鉄道（略称・朝鉄）という巨大な私鉄の一区間となった後、昭和3（1928）年には朝鮮総督府に買収されて朝鮮総督府鉄道（略称・鮮鉄）に帰属している。

　鮮鉄の管理下に入った慶州駅は、一部の駅舎を朝鮮の伝統様式に改築する鮮鉄の方針（74ページ参照）に基づき、昭和11（1936）年に新羅王朝の様式を採り入れたレンガ積み、石貼りの一部コンクリート造りの駅舎に改築された。すでに改築から80年以上経っているが、古臭さを微塵も感じさせない古式ゆかしい堂々たる姿は今も健在だ。駅前広場から眺めた正面の構えもさることながら、ホーム側からも「慶州驛」と大書された漢字の駅名が中央に掲げられている様子も重厚感に溢れていて、停車中の車内から眺めるだけでも古都の風情を窺うことができる。

　韓国では、日本統治時代に建てられた建築物について、純粋な建造物としての価値以外に、「日本人が造った」という要素を、産業遺産としての歴史的評価に際してマイナスに考慮されることがある。建造物の純工学的価値を製造者・設計者の国籍が左右するという発想は国際的に見てもかなり独特のものと思われるが、鉄道駅舎も例外ではなく、しかも、それが公的機関の判断として成立することさえある。ただ、こうした判断を厳密に貫くと、20世紀前半に建てられた韓国内の近代建築物はほとんど全て無価値となってしまうため、実際には「日本人が造ったから無価値」として取り壊そうとする役所と、保存を求める専門家や地元住民との間で、対立が生じたりする。

だが、慶州駅舎に関しては、そうした議論はほとんど聞かれない。建物が新羅王朝様式なので韓国人に受け入れられやすいという一面もあるだろうし、ソウルから離れているので一極集中の激しい韓国では目立ちにくい存在ということもあったかもしれない。

だが、第2次世界大戦や朝鮮戦争での戦火に消えることなく21世紀まで生き残ってきたこの荘重な日本時代の赤レンガ駅舎にも、終焉の日は近づいている。ユネスコ（国連教育科学文化機関）が、世界遺産に登録されている地域の鉄道を郊外へ移設するよう勧告しているのだ。世界遺産の保護のために、昭和初期の産業遺産は姿を消す。保護される史蹟への観光客輸送を担っていただけに、皮肉の度合いは大きい。

④新村駅
……左右逆に〝現状保存〟された旧駅舎が隣接

長い歴史を経た鉄道施設が文化財などに指定されて保存されるということは、元の姿のままで保存対

現役時代の旧新村駅舎（1997年撮影）。
巻頭カラーＰⅷの現駅舎と比較すると、駅舎後方の形状が左右逆になっていることがわかる

象となることが万国共通の一般的な理解であるはずだ。諸々の事情で全体保存が叶わない場合の一部保存でも、実際に残す部分については同じことだろう。

ところが、元の姿を大きく変えてしまった上で文化財指定を受けて保存対象となっている鉄道駅舎が、韓国・ソウル市内に存在する。かつて南北朝鮮を結んでいた京義線の新村《シンチョン》駅である。

新村駅は日本統治時代の大正９（１９２０）年に開業。そのときに建てられた小さな平屋の駅舎が、第２次世界大戦や朝鮮戦争などの激動の歴史をくぐり抜けて約80年にわたり現役で使用され続けてきた。それが、21世紀に入り、大型駅舎への改築計画が起こったときにソウル市と市民団体との間で一悶着が生じた。

ソウル市は当初、改築に際して文化財庁に提出した調査報告書の中で、「駅舎は日本人が植民地時代に建てた典型的な植民地期の建築様式なので、歴史は長いが保存価値はない」と結論付けた。この調査に文化財の専門家は関与していなかったという。ところが、この報告に基づいて新村駅舎の撤去をソウル市が許可したところ、地元市民らが反発。その結果、撤去計画が撤回され、結局、駅舎は国の文化財として保存しつつ新駅舎を建設することで確定した。２００４年末のことである。

建築物としての歴史的価値が設計者の技量ではなく国籍によって左右される、という価値判断が公の機関で一度は通用してしまったことにも驚かされるが、この論争を経て完成した新駅舎の前に建つ保存中の旧駅舎を見てさらに驚いた。正面玄関から入った平屋はかつて向かって左側へ張り出していたのに、保存駅舎は玄関後方が右側へ張り出しているのだ。左へ張り出した部分が新駅舎の建設位置にとって障害となったため、左側を取り壊して右側へ左右対称の張り出し部分を造ったらしい。

こういう行為を、果たして文化財としての保存と呼べるのだろうか。その後も、「史実と異なる姿だ」として反発を続けた市民の話などは寡聞にして聞かない。ということは、この姿で文化財指定した国の文化財管理担当機関だけでなく、反発していたという市民団体なども「これで歴史的建物が後世に伝えられる」と考えて納得した、と推測せざるを得ない。「歴史を直視せよ」とは、この国の政府から国民までがしきりに日本に対して言うセリフだが、明らかに史実と異なる構造の建造物を後世に文化財として伝え残すことが「歴史を直視」する行為であるとは、私にはどうしても理解できない。

再開発が進む新村界隈で異彩を放つこの小さな〝保存駅舎〟を間近に見るたびに、ここまでしてこの建物をここに残すべきだったのかどうか、複雑な想いに駆られてしまう。文化財とは何か、歴史的建造物とは何か、ということを深く考えさせてくれる良い教材であることは間違いない。

⑤杻田駅

……定期列車が停車しない韓国最高地点駅

日本のＪＲ線で最も標高が高い場所を走るのはＪＲ東日本の小海線（長野県）の清里―野辺山間（1

375メートル）で、最寄り駅の野辺山駅は標高1345・67メートルでJR最高地点駅とされている。駅にも最高地点の線路際にも、その場所がJRで最も高い場所であることを示す標柱が立てられ、観光名所となっている。

そのような、国内の一般鉄道における標高が最も高い場所であることを観光資源にしている駅が韓国にもある。ソウルから中央線で南下した後、日本海方面へ向かって太白《テベク》山系を横切る太白線の途上に位置する杻田《チュジョン》駅だ。標高は855メートルで、韓国鉄道公社が運営する鉄道駅の中で最も高い場所にある。日本統治時代の朝鮮半島における鮮鉄最高地点は、当時の京城と現在の北朝鮮側の港町・元山とを結ぶ京元本線の中間部にあった勾配区間・剣払浪《けんふつろう》―洗浦《せんぽ》間の標高603メートル地点とされていたから、杻田はその高さを大きく上回っている。なお、日本統治時代の最高地点は現在の軍事分界線のわずかに北側に属しており、朝鮮半島の南北分断に伴う休線区間に含まれている。

杻田駅は1973年に開業した山あいのローカル駅で、駅周辺に人家はほとんどないが、駅前には韓国最高地点であることを示す石碑が建っており、駅の訪問者用に駐車場も設けられている。だが、この駅へ行こうとある日突然思い立っても、一般旅客が列車で訪れることはほとんど不可能である。

現在は定期旅客列車が停車しない杻田駅

もともと太白線は、ソウル方面へ通じる中央線と日本海側を山岳地帯経由でショートカットする機能のほかに、太白山周辺で採掘される鉱石や現地生産のセメントなどを積み出す貨物路線としての役割を期待されて建設された。したがって、旅客列車は沿線の地元客の利便を図る普通列車よりも、太白線内を最小限の停車駅だけで駆け抜けてソウルや江陵などへ直通する優等列車の方がもともと運行本数は多かった。

それでも1900年代までは1日3往復程度の普通列車が停車していたが、21世紀に入る頃には1日1往復が停車するだけに。そして、現在では全ての定期旅客列車がこの駅を通過するようになり、市販の旅客列車時刻表に駅名が記載されていながら旅客が列車で乗降できない駅となってしまった（なお、韓国で市販されていた鉄道時刻表は2012年に出版元が倒産したため廃刊となった）。

ただし、「韓国最高地点駅」というキャッチフレーズは観光客の心を摑むらしく、近年韓国で増えつつある観光客向けの臨時列車は、この駅でたいてい停車して、乗客が駅で記念写真を撮る時間を設定している。今や日常の利用がないことを物語る狭い旅客用プラットホームに、時折やって来る観光列車から大勢の旅客が降り立ち、パシャパシャと写真を撮っては短時間でまた去っていく。落ち着いて駅の内外をのんびり探索しながら高原の涼気を楽しむことが難しくなってしまった、ちょっと特殊な国内最高地点駅である。

⑥正東津駅 ……「世界で最も海に近い」とギネス認定された駅

１９９０年代くらいまでの韓国では、海岸で美しい風景写真を撮るのは難しかった。北朝鮮との間で準戦時体制にあるため、北からの工作員が侵入するのを防ぐために海岸線には有刺鉄線と金網が延々と張り巡らされていた。白い砂浜の海水浴場から奇岩が連なる岩場までほぼ途切れることなく続く金網に向けてカメラを向ければ、軍関係者や国防意識の高い一般韓国人から咎められた。ましてや、軍事施設でもある鉄道の走行写真を海辺で撮ることは、少なくとも完全に自由な日本とは異なる社会的制約があった。

準戦時体制という建前そのものは今でも変わらないものの、そうした社会の雰囲気が大きく変わったことを象徴するような駅が、江原《カンウォン》道にある正東津《チョンドンジン》という駅だ。１９６２年に開業した海岸沿いの小村の玄関駅は、「世界で最も海岸に近い鉄道駅」としてギネス世界記録に登録され、今や韓国でも有数の著名な駅となっている。日本の鉄道愛好家から見れば、オホーツク海に面した釧網《せんもう》本線の北浜駅（駅舎内で営業する喫茶店は「海辺まで20メートル」のキャッチコピーを掲げている）の方がどう見ても海に近いように感じるが、ギネス世界記録はあくまで申請に基づく認定なので、ＪＲ北海道あたりが北浜駅をギネス社へ申請しない限りは正東津駅の世界一の座は揺らがないだろう。

朝鮮半島の東岸に面したこの駅は日の出の名所とされ、日の出を見るため多くの観光客がこの正東津まで夜行列車でやって来る。韓国鉄道自慢の超豪華クルーズトレイン「ヘラン」でも、ほとんどのコースにこの駅を訪問するスケジュールが組み込まれている。駅のホームには「今日の日の出時刻」が掲示されていて、駅周辺では日の出前から食堂などが多数営業して賑わっている。

駅構内や駅の裏手にある浜辺へは無料で立ち入れてしまうのだが、駅舎では入場券を販売している。

日本海（右側）を目の前にした正東津駅ホーム

正東津駅の入場券は写真入りのカードタイプで、購入希望者が多いのだろう。ちなみに、正東津駅はかつて韓国のテレビドラマの舞台となったこともあり、その影響で若いカップルのデートスポットともなっている。若い男性が１人で訪れて入場券を購入しようとすると、駅員が余計な気を利かせて、〝彼女〟の分も買うものと勝手に判断して２枚発券しようとすることがある（かつての私の経験談である）。

無事に入場券を手にして駅のホームへ上がると、目の前に白砂青松の穏やかな日本海が広がる。ホームの下にもカップルで座れるベンチが並んでいる。転落防止用の柵はあるが有刺鉄線も金網もない。訪れた観光客たちは皆、駅や列車や海岸にカメラを向けて撮影に興じていて、それを咎める軍人も一般国民もいない。国防上の問題がないのかどうかはわからないが、韓国では珍しい扱いの駅になっていることは間違いない。

⑦ソウル駅
……文化財になった東京駅似の旧駅舎

韓国鉄道網の筆頭駅ともいうべきソウル駅は、2003年にガラス張りの現駅舎が誕生してからすでに約20年が経過している。発着する高速鉄道KTXも、翌2004年の登場以来すっかり韓国社会に定着。ソウルから韓国の地方へ行く旅行者の多くがこの駅を利用することになるため、外国人観光客にも馴染み深い存在となっている。そして、その隣に建つ東京駅丸の内駅舎によく似た赤レンガの古びた欧風駅舎も、現在の駅舎を引き立たせる長い駅の歴史の生き証人として、落ち着いた佇まいを見せている。

ソウル駅は大韓帝国時代の1900年に南大門《ナンデムン》駅として開業した。その後、日本統治時代の大正14（1925）年にこの赤レンガの壮麗な駅舎が竣工。設計者は東京帝国大学教授だった建築家の塚本靖で、東京駅の丸の内口にそびえる赤レンガ駅舎を設計した辰野金吾は塚本の大学時代の指導者の1人である。

ソウル駅（当時は京城駅）の設計に際しては、オランダのアムステルダム中央駅を参考にしたといわれており、完成当時は東京駅に次ぐ東洋第2の規模を誇った。これほどの大規模な駅舎を竣工したのは、当時の京城駅が単に朝鮮半島の筆頭駅というだけでなく、満洲やその先の中華民国、あるいはシベリア鉄道を介してヨーロッパへと続く欧亜連絡鉄道ルートの途上にあり、国際旅客ターミナルとしての格式を持つことが望まれていたからである。

やがて、第２次世界大戦が終わると京城駅はソウル駅へと改称。朝鮮戦争でソウルが戦場となったときも焼け落ちることなく、赤レンガ駅舎は戦後の韓国でソウルを代表する建造物として多くの人々が集い、行き交った。駅舎とそこからホームへ降りていく階段、低床式のホームや夜間の薄暗い雰囲気は晩年まで変わることがなく、ただ発着する列車だけが徐々に近代化されていった。ソウルには中央線や東海岸方面への列車が発着する清涼《チョンニャン》里《ニ》というもう一つのターミナルがあるのだが、駅の規模や駅舎の風格、発着列車数や乗降客の多さにおいて比較にならず、ソウル駅は間違いなく、昔も今も韓国そのものの玄関駅であることに異論の余地はない。

2004年まで使用された旧ソウル駅舎。
現在は史蹟として保存されている

韓国では台湾や満洲と異なり、日本統治時代の建造物は純粋な建築学的価値とは別に、それが日本人の造ったものだから……という理由で存在価値を否定して取り壊そうとする考え方が一定の社会的影響力を持つことがある。だが、ソウル駅の赤レンガ駅舎は現役時代の１９８１年に早々と国の史跡として指定されていた。この史跡の指定番号が２８４号であることから、現在は「文化駅ソウル２８４」という名称の複合文化施設として一般公開されている。現役時代は一般旅客が見ることのできなかった重厚な駅長室や歴代大統領が使ったという貴賓室は歴史を感じさせるし、待合ホールなどはかつてこの赤レンガ駅舎を利用していた経験者には懐かしさを感じさせるかもしれない。

実際には、晩年の赤レンガ駅舎内は古い建物にインターネットカフェのスペースを確保したり、さまざまな商業施設が入り込んで混沌とした雰囲気があり、復元された現在のような落ち着きはなかったのだが、それは、現役を終えた産業施設の宿命であろう。開業当初の趣きはかくも荘厳なものであったのか、という想像を、文化財として生きながらえる幸運を摑んだ旧駅舎内で静かに思い巡らせてみたい。

第5章 台湾

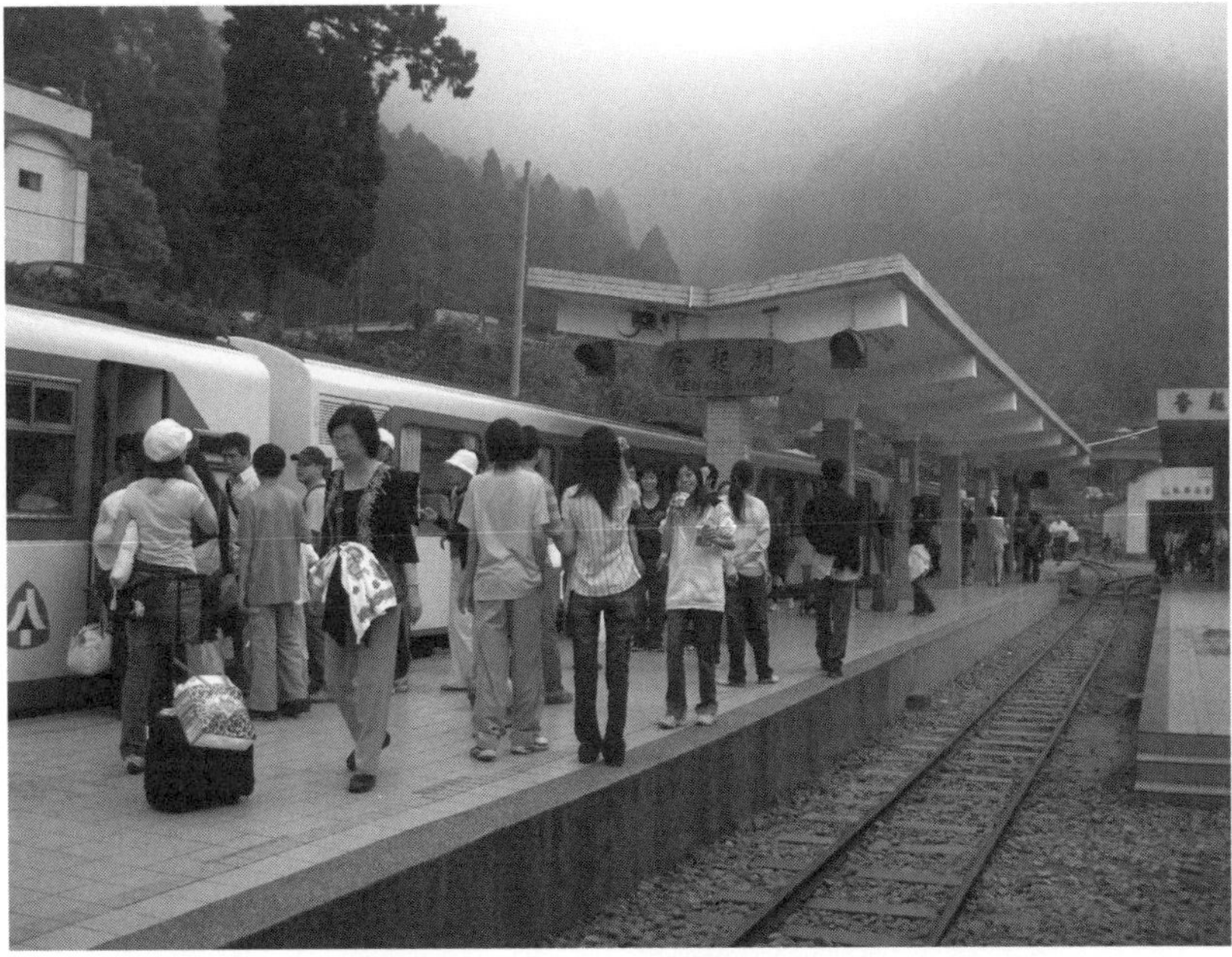

反対列車待合せの停車中に乗客がホームに溢れる阿里山森林鉄道・奮起湖駅

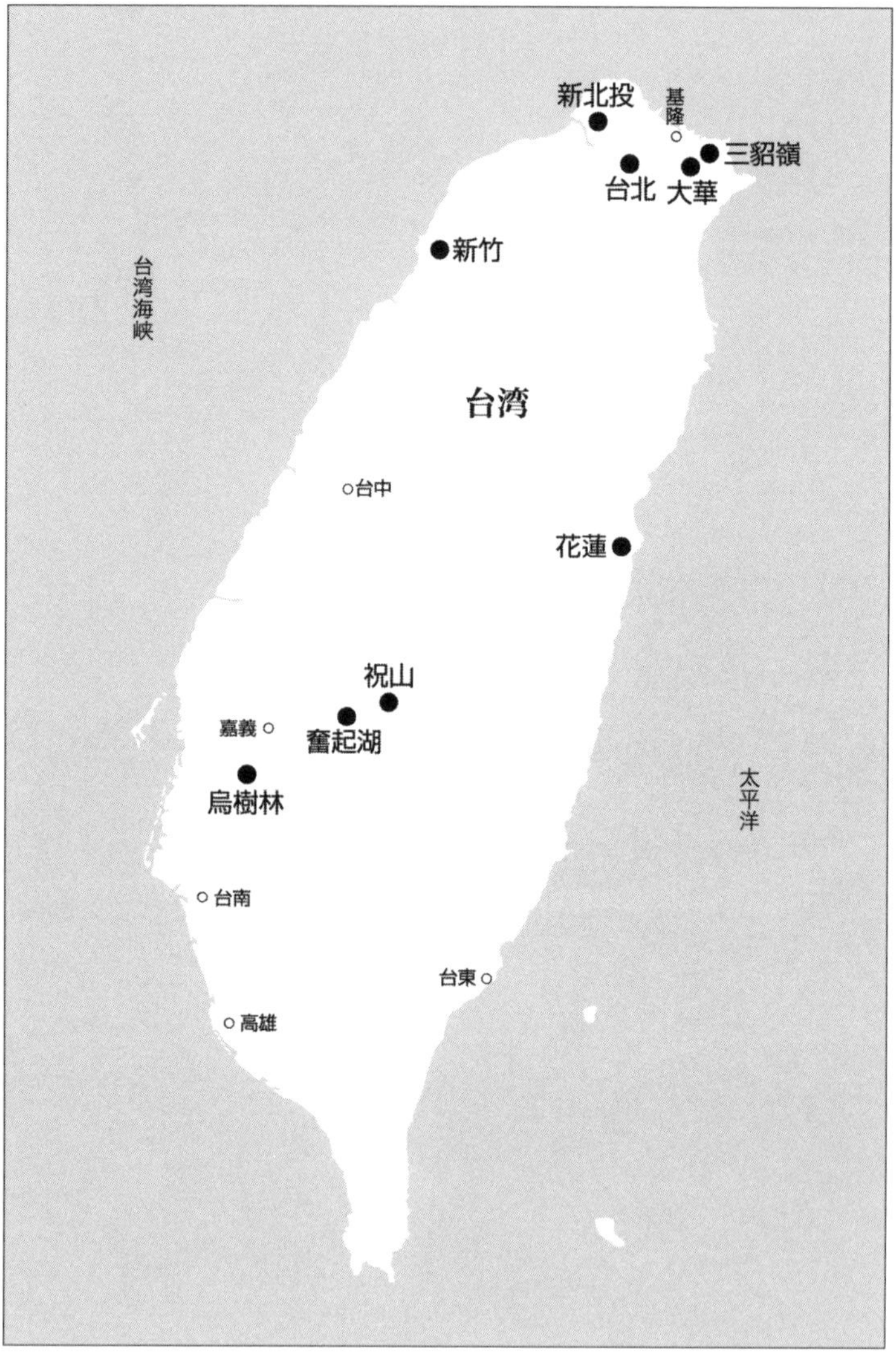
新北投
基隆
三貂嶺
台北
大華
新竹
台湾海峡
台湾
台中
花蓮
祝山
嘉義
奮起湖
烏樹林
太平洋
台南
台東
高雄

①奮起湖駅
……駅弁で台湾全土にその名が広まった

「世界三大山岳鉄道」――誰がそう呼び始めたのか定かでないが、その一つに数えられるほど世界にその名を知られる風光明媚な山岳鉄道が、日本の隣国・台湾に存在する。その名は「阿里山《アーリーシャン》森林鉄道」。亜熱帯と熱帯を分ける北回帰線が通る台湾中部の都市・嘉義《ジャーイー》から、標高差約2200メートルの阿里山まで、70キロあまりの急勾配を螺旋《らせん》ループやスイッチバックを繰り返して登っていく小さな鉄道だ。

阿里山森林鉄道は、日清戦争の勝利によって台湾を領有した日本が、阿里山一帯の林業開発の一環として明治の末から大正の初めにかけて建設した。戦後は林業の衰退によって本来の役割を終えたが、観光用鉄道として生まれ変わり、現在に至っている。

全線を毎日走るのは1日1往復というこの小さな山岳鉄道に乗ると、海抜1403メートルに位置する奮起湖《フェンチーフー》という駅で、つい最近までは両手に駅弁を抱えた売子が狭い車内にどっと乗り込んで来た。ホームにも駅弁を売り歩くおばちゃんがあちこちにいて、短い停車時間の間に温かい駅弁が飛ぶように売れていったのだ。大正元（1912）年に開業した山あいの小さなローカル駅の名が、この駅弁のおかげで台湾全土に広く知れわたったのは、実は21世紀に入ってからのことである。

もともと奮起湖駅は同鉄道の主要中継駅として、機関車の交換などで停車時間が長かった。その時間帯が昼食時にかかっていたため、駅で乗客相手に弁当が売られるようになったのだ。その当時、乗客は

奮起湖駅構内。
線路上に立つ乗客と比べると、線路の幅が狭いことがわかる

ホームに隣接する食堂で停車時間中に弁当を食べ、アルミ製の容器は店に返却することになっていた。

〝弁当〟は、日本統治時代に日本人が台湾へ持ち込んだ習慣の一つ。中国語で「飯包《ファンパオ》」と表記されることもあるが、日本語の「べんとう」の音に漢字を当てた「便《ビエン》當《タン》」の名が広く通用している。駅のホーム（中国語で「月台《ユエタイ》」）で売られる駅弁は、「月台便當」などとも称される。弁当の中身はご飯の上に鶏肉、煮卵、野菜炒めなどを盛り付けた、台湾では比較的オーソドックスなものだが、奮起湖駅は古くから知る人ぞ知る台湾の代表的な月台便當販売駅だったのだ。

それが近年、「阿里山森林鉄道には乗ったことがないが奮起湖の駅弁は知っている」という台湾人が全土で急速に増えている。奮起湖駅で半世紀前から駅弁を売り続けている製造業者がコンビニチェーンと提携し、２００２年から台湾全土で「奮起湖鉄路弁当」として販売を始めたところ、１日15万食以上が売れる大ヒット商品となったのである。コンビニで弁当を知り、阿里山への道のりで「本場の味を楽しみたい」と考えて奮起湖に立ち寄る観光客も増えているという。

もっとも、地元業者が１日に製造する約２０００食の弁当のうち、列車の旅客が購入するのはその１

割程度。大半はドライブインや登山者向けの食堂で食べられている。駅で売子が販売していた弁当は紙製や経木製の箱に詰められていたが、製造元である駅付近の食堂で供されるものは昔ながらのアルミ製容器入りで、食後は返却して再利用するオールド・スタイル。これが、台湾人観光客に懐旧の念を抱かせて好評を博しているという。奮起湖駅は、台湾に根付いた「弁当」という食文化の昔と今を、まさに味わうことのできる貴重な場所といえるかもしれない。

②大華駅
……線路を歩いていく「台湾のナイアガラ」

近年は台湾でも日本と同じように、鄙びたローカル線の旅や豪華列車による台湾一周旅行などが注目を集めている。その中でも根強い人気を誇るのが、台北《タイペイ》から日帰り圏内にある台湾北東部を走るローカル鉄道・平渓線《ピンシーせん》だ。最近では日本統治時代に導入された蒸気機関車が運行され、わざわざこの路線に乗るために台湾を訪れる日本の鉄道ファンも少なくない。

平渓線は大正10（1921）年に炭鉱の専用線として開業し、昭和４（1929）年に台湾総督府が買収して国有化された。今でも日本時代に建てられた平屋の駅舎が現役で使用されるなど、昭和の日本の面影を沿線の随所に残していることで知られている。

その昭和情緒豊かな列車に乗ると、大華《ターファー》駅と十分《シーフェン》駅の間で、車窓から十分瀑布《ばくふ》という滝を眺めることができる。高さ20メートル、幅40メートルの水量豊富な滝は別名『台湾のナイアガラ』とも呼ばれている。平渓線沿線における最大級の観光スポットとして、週末を中心に台北などからの観光客で賑わいを見せている。

この観光名所への行き方が変わっている。滝の周辺が公園になっているのだが、その入場門は大華—十分間の線路の脇にあるのだ。そのため、旅行ガイドブックには大華駅からのアクセス方法として「線路沿いに歩いていく」などと書かれていた。その場合、実際には「線路沿い」というより、ほぼ線路の上を歩くことになる。

本線から分岐した平渓線最初の駅である大華駅は、日本統治が終了した後の1956年に開設された無人駅で、2~3両の列車がやっと停車できる程度の片面ホームがあるだけ。昭和末期まで、北海道各地の原野にポツンと設けられていた日本の国鉄の仮乗降場を思わせる簡素な駅だ。そこから、十分方面へ走り去る列車を追いかけるように線路の上を歩き出す。「線路沿い」の道などないのである。途中には小さな橋梁やトンネルまである。トンネル内には退避スペースがないから、列車が来たらすぐにトンネル外に逃げなければならない。

薄暗い木立の中を走る線路の上を進んでいくと、やがて線路の右側に滝の入場門が出現する。これでは、線路の上を歩いて来なければここには到達できない。鉄道会社に対する安全配慮の社会的要求が昭和時代よりも高まっている現在の日本では、こんなに堂々と現役鉄道の線路の上を歩いていく観光地はちょっと考えにくい。

ただし、台湾でも本来は線路上を歩くことは禁止されているのであって、この大華駅からのコースは、かつても単に黙認されていたに過ぎないようだ。現在は大華駅ホームに「十分瀑布へ行く旅客は十分駅で下車してください。線路の上を歩いて行かないでください」と書かれた看板が中英2ヵ国語で掲出されている。

滝から十分駅方面へ向かうときは、列車の鉄橋を歩いて渡る。さすがにこの鉄橋には歩行者用の側道が設けられているが、列車が真横を通過するのでそれなりに緊張する。鉄橋を渡れば、あとは線路上を歩かなくても十分駅付近の商店街まで到達できる。十分駅付近の商店街は、細い街路のど真ん中をディーゼルカーが商店の軒下をかすめるように走行するので、平渓線の名物風景としてしばしば紹介される場所である。

鉄道事業者が明示的に線路内通行を禁止している現在では、大華駅から十分瀑布までのコースをお勧めすることはできない。だが、確かに安全ではないけれども、現役鉄道の線路の上を歩くという行為もまた、昭和時代には日本のどこの田舎でも見られたごく日常的な所作ではなかったかと思うのである。

大華駅に停車する平渓線ディーゼルカー

③新北投駅
……地下鉄で行く温泉郷の玄関駅

台北からMRT（台北捷運《ジェーユン》）という地下鉄に30分ほど乗った北方に、新北投《シンペイトウ》温泉という台湾有数の温泉街がある。19世紀末にドイツ人が発見し、その後に始まった日本統治時代に本格的な開発が進んだ。大正12（1923）年には、皇太子として台湾を行啓した昭和天皇もこの温泉に立ち寄られた。当時から営業を続けている共同浴場には、今も「皇太子殿下御渡渉記念碑」が残されている。日本の統治が終わった後も国民党政権下で台湾有数の温泉街として賑わい続け、今日に至っている。

そういう由緒ある温泉郷の玄関駅として、大正5（1916）年に新北投駅が開業した。温泉は「ほくとう」と呼ばれたが、駅名の日本語読みは「しんほくと」であった。戦後は台湾鉄路管理局（台鉄）が運営を引き継いでいる。

ただし、台鉄が運営するこの駅を温泉への玄関駅として利用する遊山客は少なかった。というのも、戦後の新北投温泉は1979年まで台湾で唯一、公娼の存在が認められた温泉郷として知られていて、買春目的の観光客が大勢訪れる場所だった。そういう街への列車に観光客が揺られていれば、何をしに行くのかだいたい想像できてしまう。おそらくはそのせいであろう、新北投温泉への行楽客は台北からタクシーなどを利用することがほとんどで、鉄道利用者はほぼ皆無。新北投駅には、温泉郷には付き物の宿の客引きの姿はほとんど見られず、古びたディーゼルカー1両だけで運行されるローカル列車の旅客は地元客で占められていたという。

だが、台北近郊の宅地化が進むにつれ、この鄙びたローカル線は全く新しい都市型近郊路線に生まれ変わることとなり、１９８８年に運転を休止。新北投駅も同時に、台鉄の終着駅としての役割を終えた。

それから9年近くが経った１９９７年、かつての台鉄の路線の一部を転用して建設された台北の地下鉄・ＭＲＴの新北投支線の終着駅として、新北投に再び鉄道駅が開業した。これが現在の新北投駅である。台鉄時代は日本統治時代の駅舎をそのまま流用した単線非電化のローカル線の終着駅だったが、ＭＲＴの新北投駅は中華風の巨大な正門が駅の入口にそびえ立ち、高架線上のホームに通勤型電車が頻繁に発着するようになっている。

中華風の門がそびえ立つ新北投駅

その高架ホームに降り立つ旅客の中には、新北投温泉への行楽客も少なくない。置屋が並ぶ政府公認の歓楽街として名高かった往時の趣きはすでになく、台北郊外の健全な温泉街となった新北投は、今では台北中心部の地下駅から頻発する電車に乗って気軽に出かけられる行楽地なのである。

２０１０年には、サービスの良さで日本一の呼び声が高く、台湾からの観光客も大勢訪れるという能登半島・和倉温泉の加賀屋による初の海外分館「日勝生加賀屋」が、新北投駅付近にオープンした。日本統治時代に創業した共同浴場と並んで、日本を代表する純和風の大型温泉旅館が新北投で行楽客を迎えているのだ。新北投駅の中華風正門をくぐって新旧の日本風温泉を楽しむ……。ＭＲＴで行く新北投温泉へのショートトリップは、日台の歴史と文化の絶妙な交錯と融合をよりいっそう感じさせてくれるだろう。

④花蓮駅
……駅名と場所は時代とともに転々

今でこそ風光明媚な東部台湾の代表都市として賑わう港町・花蓮《ファリェン》は、急速に台湾島内の交通網が発達した日本統治時代から戦後30年以上に至るまで、陸の孤島のような場所だった。南の台東《タイトン》方面へはナローゲージ（軌間７６２ミリ）の軽便鉄道（台東線）が日本時代に開通していたが、北方は険しい地勢ゆえに蘇澳《スーアオ》以北の鉄道と接続せず、道路も貧弱だったため、フェリーが花蓮港まで往来するのが旅客輸送の主力を担うような時代が長かったのだ。

それが、１９７３年に建設が始まった蘇澳と花蓮を結ぶ北廻《ペイフイ》線の完成によって、ついに台北方面から陸路で安定的に花蓮まで到達できる道が拓かれた。程なく花蓮以南の軽便鉄道も幹線と同じ１０６７ミリに改軌され、同一列車の直通運転も可能になっている。

そんな変化の波に応じるかのように、この東部台湾随一の都市への玄関口となる駅の場所や名前は変遷を重ねてきた。

街外れに位置する花蓮駅（2007年撮影）。
2018年に巨大な新駅舎に生まれ変わった

市内にできた最初の停車場は明治43（1910）年開業の花蓮港駅。この駅が戦後まもなく、花蓮駅を名乗る。ところが、北廻線と台東線（改軌後から現・花東《ファトン》線）との直通運転を見越した新線は港湾部より山側に敷設され、市街地の西外れの新線上に「花蓮新駅」という名の新駅が開業したのが1975年の北廻線部分開業時。この新駅開業後もしばらくの間、市の中心部で日本時代に建てられた駅舎を構える伝統の旧駅も営業を続けて併存していたが、1982年に営業を終了すると同時に、花蓮新駅は現在の花蓮駅に改称された。

このように、花蓮は駅名の歴史は長いが、現在の停車場は駅としての歴史はさほど長くない。今では名勝・太魯閣《タロコ》峡への拠点となる観光都市として、台北からの日本製特急電車に揺られて大勢の観光客が列車で花蓮を訪れるようになった。2018年には花蓮空港に離着陸する飛行機が見物できる巨大な新駅舎が登場し、どこか鄙びた雰囲気を醸し出していた旧駅舎時代のイメージは一新された。ただ、郊外に設けられた駅らしく、生活感や繁華街の雑然さは感じられない。

むしろ、駅から徒歩で30分以上かかる旧駅付近の方が、今でも夜市が立つなど市街地の中心部としての賑わいがある。鉄道駅の移転によって旧駅付近の町が急速に廃れる例は日本でもしばしば見られるが、花蓮はそうした例とは一線を画している。

なお、旧駅があった地域は21世紀になってから、日本時代の施設やナローゲージ時代の車両を保存する花蓮鉄道文化園区という観光名所として整備された。現・花蓮駅前に陳列されていた軽便車両もここに移されている。現駅舎が立派になっても、旧駅の存在感は未だ健在である。

⑤新竹駅
……大正2年建築の文化財駅舎が聳え立つ

台湾では、日本統治時代に造られた鉄道建築物が、産業遺産としてその歴史的価値を認められ、保存対象となるケースが増えている。その中でも、建造物としての稀少性や格式の高さ、知名度においてトップクラスの存在感を誇るのが、台北から約80キロ南の西部幹線上の要衝・新竹《シンチュー》駅舎だ。屋根上に時計台を配したバロック様式の欧風駅舎は、竣工から100年を超えた今なお、現役の駅舎として多くの旅客に愛用され続けている。

新竹駅が開業したのは清朝統治時代の1893年だが、初代の新竹駅は現在地から離れた別の場所にあった。現在の新竹駅が開業したのは、日本統治が始まった後の明治29（1896）年のこと。ここに現在の駅舎が建てられたのは大正2（1913）年で、設計を担当したのは、かつて岩倉使節団に加わってドイツに渡り建築学を学んだ松ヶ崎萬長《つむなが》（松崎万長《つむなが》）である。松ヶ崎は晩年に台湾総督府の鉄道部で設計の仕事を手掛けており、新竹駅以外にも台湾北部の一大港湾都市にある終着駅・基隆《チーロン》駅舎など

欧風駅舎の真裏に台北方面行き列車が入線（新竹駅）

の設計に携わっている。

正面からはもちろんホーム側からも眺められ、遠方からでもその姿を確認できる駅舎中央の鐘楼に取り付けられた時計台は、時計がまだ普及していなかった大正初期には、地元の人々に正確な時刻を伝える役割も果たしていたという。このスタイルは、大正６（１９１７）年から赤レンガ造りのルネサンス式欧風駅舎が現役で稼働している台中駅にも見られる。時計台の存在が、駅舎に威厳を与えているように感じられる。まさに新竹駅舎は、その後の台湾における欧風鉄道建築物の先駆けとしての歴史的意義を持っているのである。文化財として公式に保存対象とされているのも頷ける。

ただし、長く新竹の第一玄関駅として賑わってきたこの駅舎に、２００７年に開業した台湾高速鉄路（台湾高鉄）の列車は発着しない。台湾高鉄にも新竹という駅があるが、こちらは市街地中心部からやや離れた場所に新しく開業した別の駅。湾曲した三角屋根が駅全体を包み込むような外観に、客家の伝統模様なども盛り込まれた新駅舎は、高鉄の他の新駅と比較してもその近代的デザインの美しさは台湾一とも評されている。在来線の駅舎が長い伝統を今に伝えているのと対照的な存在感を誇っている。

おかげで、バロック様式の駅舎を構える在来線の新竹駅は今でも、〝汽車〟の風情を残す機関車牽引の客車列車などが発着し、最新の鉄道の雰囲気は抑制されているように感じられる。台湾高鉄の利用が一般的になった現在では、それより遅い在来線の優等列車を外国人観光客が利用する機会は少なくなってきたが、それだけに、新竹駅の風情は今後もまだ、しばらくはこのまま残っていくのではないかと期待したい。

⑥烏樹林駅
……観光施設に変身したサトウキビ列車の発着駅

台湾では、50年に及ぶ日本統治時代の間に製糖業が大きく発展した。台湾総督府が製糖業を重視・奨励したことも手伝って、製糖会社が多数設立されて生産量が飛躍的に増加。第2次世界大戦後は国民党政府がそれらの製糖会社の資産を接収・合併させて台湾製糖公司（台糖）という巨大な国策会社になった。

サトウキビは収穫後に放置しておくと品質が低下してしまうため、なるべく早く製糖工場に運搬して、不純物を取り除くなどの精製作業が必要となる。そこで、サトウキビ畑の中に製糖工場から直結する専用鉄道を敷設して、サトウキビを工場まで大量輸送する方式が世界中に広まった。製糖業が一大産業となった台湾各地でも、サトウキビ運搬用の専用鉄道が建設され、中には工場やサトウキビ畑から市街地や本線の貨物ターミナルまで直結したり、沿線住民の便宜を図るための旅客営業をする路線まであった。

台湾南部の台南《タイナン》市にあった烏樹林《ウーシューリン》製糖工廠《こうしょう》もその一つである。烏樹林で生産された砂糖は品質がよく、皇室の「御用糖」の称号まで受けたという。専用鉄道は昭和19（１９４４）年に開業し、現在の台湾鉄路管理局縦貫線の新営《シンイン》駅から工場があった烏樹林駅を経て、複数の専用路線が分岐していた。１９７９年までは旅客列車も運行されていた。

烏樹林駅構内。左はトロッコ列車、右は日本製ディーゼルカー

だが、製糖業の斜陽化や輸送手段の多様化によって、台湾のサトウキビ鉄道は徐々に縮小されていき、稼働を取り止める工場も増えていった。烏樹林製糖工廠も１９８３年に操業を中止し、その後は洋蘭栽培などが行われていた。その間、専用鉄道は荒れるがままに放置されていた。

転機が訪れたのは２００１年のこと。烏樹林駅から貨物線の一部を整備して「五分車懐舊之旅」（ミニ列車で懐かしの旅）と称した観光トロッコ列車の運行を開始し、台湾全土から観光客を集めることに成功したのである。今では操業を停止した他の台糖工廠でも、同じようなサトウキビ鉄道の観光路線化が行われている。ちなみに「五分車」の「五分」とは、サトウキビ鉄道の軌間が国際標準軌である１４３５ミリの約半分（７６２ミリ）であることから、「国際標準の半分の大きさ」という意味で付けられた名称である。

台湾全土のサトウキビ鉄道の観光化の先駆けとなった烏樹林駅には、１９４６年完成の駅舎が現存する。日本統治が終了した直後にできたとはいえ、日本式駅舎の面影を漂わせている。普段のトロッコ列車はディーゼル機関車が牽引するが、週末にはベルギー製の蒸気機関車が復活運転をしたり、かつて旅客営業に用いられていた日本製ディーゼルカーが走ることもある。烏樹林駅構内は貴重な保存車両の展示場になっていて、台湾人はもとより、はるばる日本からやって来る観光客の姿も一年中絶えることがないという。

⑦祝山駅……〝新高山〟の日の出を見るための駅

日本統治時代に建設された阿里山森林鉄道は、標高２２１６メートルの終着駅・阿里山からさらに乗り換えて高い場所まで上る支線を有している。１９８６年に完成した全長６・25キロというこの短い路線は、沿線住民の利便とは全く無関係な観光路線で、毎日大勢の観光客ばかりを満載して山の中腹を往来している。

その運行形態が変わっている。夜明け前に何本もの旅客列車が相次いで阿里山駅から祝山《チューシャン》駅へ向けて出発し、片面ホームだけの終点の祝山駅の側線には到着した旅客列車の編成が次々と留置されていく。祝山線は阿里山を囲む高峰からの日の出を見物するためだけに旅客列車が運行されるので、夜明け前までに全ての旅客列車が祝山駅に到着してしまうのだ。日の出を見た後は遊歩道をハイキングしながら軽やかに下っていく観光客の姿も多いが、祝山線の車窓を楽しみたいのであれば下山時はハイキングコースを選択するのではなく、日の出の時刻が過ぎて周囲が見えるようになった後にまとめて運行される帰りの阿里山行きに乗る必要がある。祝山駅を発車する最終列車は日の出により異なるが、5月初旬で午前6時過ぎ。夏になれば午前5時台に最終列車が出てしまう。まさに日の出見物のためだけに存在する路線であり、駅なのである。

"終電"が日の出直後であることを示す祝山駅の案内表示

　祝山駅を降りると、改札口から長い階段が上の方へと続いている。上りきったところは展望台になっていて、晴れていれば前方に台湾中部の峻嶮な山々の雄姿が望める。その中で最も標高が高い玉山《ユイシャン》は、日本統治時代には「新高《にいたか》山《やま》」と呼ばれ、富士山よりも高いことから「日本で最も高い山」として日本国民の誰もが知っていた。昭和16（１９４１）年12月8日の日米開戦を告げる暗号電報「ニイタカヤマノボレ１２０８」の由来となった山として、今もその名を知る日本人も多いだろう。その玉山を遠望する祝山駅は現在、台湾で最も標高が高い駅でもある。

　祝山駅の開業は戦後の１９８６年だが、祝山という地名は日本時代からあった。しかも、明治39（１９０６）年に後藤新平から台湾総督府民政長官の役職を引き継いだ祝辰《いわいたつ》巳《み》の名が由来である。戦後、日本人の名に由来する地名を中華民国政府は中国風に改称したが、この祝山はなぜか残された「祝」という日本人の姓があるとは気付かなかったのだろうか。

祝山駅ホームの上にある展望スペースは夜明け前から屋台が並び、日の出を待つ観光客でごった返す。標高が高い当地は夏でも朝は冷え込み、食事の湯気があちこちから立ち上る。まるでお祭りの縁日だ。日の出が近くなると、初めの方の列車でやって来た旅客たちが展望台の前方を占拠する。そのさらに前の柵越しに、あちこちで団体客を引き連れた観光ガイドが玉山からの御来光についてスピーカーで解説し続ける。静かで穏やかな御来光を目にするのはなかなか難しい環境である。

やがて、南国の島らしからぬ冷たい空気の向こうに、神秘的な山々の稜線が徐々に浮かび上がってくる。やがて日の出シーンが一段落すると、列車で帰る旅客はホームへ足を運び始める。〝終電〟時刻が迫っているのだ。もう少し落ち着いて日の出を見ていたいけど、祝山線の車窓を楽しむには帰りの列車は外せない。いかにも、忙しい阿里山観光の一日の始まりらしい。

⑧三貂嶺駅
……京都の保津峡を思わせる渓谷沿いの駅

車窓の眺めがよい鉄道路線といえば、洋の東西を問わず、山間部の渓谷沿いを走る区間が挙げられる。最近は列車の空調設備が発達してきて窓が開かない車両が増えているが、夏の暑い時期でも車窓を全開にして、走行によって吹き込む風とともにすぐ真横の渓流からの涼と絶景も楽しめるのは、列車の旅の醍醐味の一つだ。

近年、鉄道旅行がブームになっている台湾では、台北から日帰りで訪れることができる平渓線のミニトリップが人気を集めている。平渓線は日本統治時代に開業したローカル線で、台北からは北回りで宜蘭線に乗り入れる八堵《パードゥ》か、その先の宜蘭《イーラン》線内で平渓線の列車に乗り換える。平渓線の列車はいずれも宜蘭線まで直通しているからだ。そのため、台北方面から平渓線を訪れる乗客が平渓線の始発駅に降り立つ機会はあまりない。

平渓線の運転士に通票を渡す三貂嶺駅員

宜蘭線の途上にある平渓線の始発駅・三貂嶺《サンティアオリン》は、支線を分岐するジャンクションとは思えないほどこぢんまりとした渓谷沿いに位置している。開業したのは日本統治時代の大正11（1922）年、平渓線を分岐するようになったのは昭和4（1929）年と歴史は古い。だが、平渓線の始発駅となったのは単に線形の都合に過ぎず、切り立った断崖と基隆河に挟まれた狭い空間には向かい合う細長のホームと小さな駅舎などがひしめいていて、駅というより列車運行上の信号場施設といった雰囲気が漂っている。おそらくは、開業当時からその趣きはほとんど変わっていないのだろう。

小さな駅舎にはきちんと駅員が配置されていて、平渓線への列車が発着すると、単線区間での列車通行証ともいうべき通票が入った輪っかを手に提げて、運転席の窓越しに乗務員と受け渡しをする。日本でも国鉄時代は全国で見られた光景だ。停車時間はわずかで、平渓線のディーゼルカーはすぐに駅に隣接するトンネルの中へと消えていく。

付近を自動車が往来しないホームや駅舎は、列車が去ると静かになる。駅員以外に人けがない駅舎の待合室には「空襲避難位置圖」という中台対立を意識させる物騒な案内表示もあるが、駅舎の外はすぐ基隆河へと落ち込む崖になっている。駅付近に民家は数えるほどしかなく、古い山道のような小径がハイキングコースになって駅から始まっている。駅へのアクセスには、線路沿いに歩いたところで基隆河に架かっている鉄橋を渡ることが欠かせない。まるで、京都の保津川沿いにある嵯峨野観光鉄道の保津峡駅のような立地だ。渓流の近さや眺めの美しさもよく似ている。嵯峨野観光鉄道はかつて山陰本線だった路盤や駅施設を転用した路線なので、長大編成の貨物列車や優等旅客列車がひっきりなしに川沿いのホームを通過する現在の三貂嶺は、往年の山陰本線によく似ているのかもしれない。

台北から平渓線を訪れる観光客の多くは、三貂嶺より前の駅で乗換えを済ませている。だが、秘境ムードが漂う三貂嶺で乗り換えれば、かつての保津峡駅のような雰囲気を旅の最初に味わうことができる。台北から日帰り圏内の幹線にこのような鄙びた駅があるのは、今どき貴重である。

⑨台北駅……地上に列車の姿がない台湾の国鉄筆頭駅

長い歴史を持つターミナル駅では、後から増設された旅客ホームが地下化や高層化された場所にあることはあっても、通常は古くからある乗降場が地上に広がっている。土地に限りがある現代の都市部で、過密な街の中心に広大な旅客鉄道ターミナルをこれから造るのはほとんど不可能だから、大都市の真ん中にある鉄道ターミナルの広さは、そのまま駅の歴史に比例しているといってもよいかもしれない。

ところが、すでに開設から100年以上の歴史を持ち、国鉄の筆頭駅としての地位にあるにもかかわらず、四半世紀以上も前に全ての旅客ホームが地下に移され、地上から列車の姿が消滅してしまった駅が日本のすぐ隣にある。台湾鉄路管理局の本部が置かれている台北駅だ。

台北駅が開業したのは清朝統治時代の1891年。当時は、現在より西側の淡水《タンシュイ》河に面した行止り式の乗降場だった。淡水河の水運との連絡運輸が考慮されていたためだという。日本統治時代が始まり、西海岸に沿って台湾縦貫鉄道の整備が進む過程で、台北駅は現在の場所に近い位置に移転し、赤レンガ式の壮麗な駅舎が建てられた。駅前には、初代鉄道技師長として台湾の鉄道整備の基礎を築いた長谷川謹介の銅像が立ち、駅舎に出入りする旅客を睥睨《へいげい》していた。昭和15（1940）年に鉄筋コンクリート製の3代目駅舎にバトンタッチされ、これが戦後も長く使用され続けた。

そして1989年、市街地の交通渋滞を解消する目的で、台北駅及びその前後の区間は全面地下化された。同時に、地上駅に隣接する機関区跡に現在の駅舎が建設され、地下化開始によって3代目駅舎は取り壊された。国鉄筆頭駅に相当する駅で、全ての発着列車を地下区間に移すとは大胆だが、国鉄筆頭駅と言っても、東京駅や大阪駅のように旅客ホームが幾重にも連なるほどの規模ではなかったからこそ全面地下化が実現できたのだろう。

それに、地下化工事が着工された1983年当時の台湾は世界最長の戒厳令下にあったという事情も影響したと思われる。国民党独裁政権時代の台湾では、軍事施設でもある鉄道工事は時の為政者の意向通りに迅速に断行され、当初の計画通りにきちんと完成することが多かったという。

4代目となる現駅舎は地上6階、地下4階。古代中国の宮殿を模した建物で、国鉄扱いの在来線だけでなく、台北市内を走る地下鉄や台湾高速鉄道も同じ地下に発着している。現在の1日の平均利用客数は約40万人。地上2階には巨大なフードコートが入っていて、台北市内の一大グルメスポットにもなっている。列車の姿を青空の下に見ることができず、複合商業施設としての駅舎だけが地上にそびえる台北駅は、大都市における先駆的な鉄道駅のあり方を示しているのかもしれない。

台北市街の中心部に建つ殿堂のような台北駅舎

第6章 東南アジア

機関車の運転席からクウェー川橋梁を望む。
列車が接近すると橋上の歩行者は左右の待避所に逃れる（タイ・カンチャナブリー）

フィリピン
マニラ・トゥトゥバン
レガスピ

（1）フィリピン

①マニラ・トゥトゥバン駅……伝統の中央駅は借金のカタに

マニラ市内の北西部に位置するトンド地区は、世界有数のスラム街としてその名を知られている。自然発火の煙が燻《くすぶ》るゴミ山として有名なスモーキー・マウンテンも、かつてこの地区に存在していた。治安は極端に悪く、ほとんどのフィリピンの旅行案内書に「トンド地区は危険」との注意書きがある。

そのトンド地区の一角に、クラシックな白い2階建ての大型ショッピングセンター「トゥトゥバン・センターモール」が、掃き溜めに鶴のごとく建っている。ブティックや書店など約200の店舗が入り、機関銃を持った警備員が警戒して安全が保たれていることもあってか、いつも大勢の買物客で賑わっている。この建物がかつてトゥトゥバン駅というフィリピン国鉄の筆頭駅舎だったことを知る地元の人は、今どのくらいいるだろうか。

フィリピンの鉄道はスペイン統治時代の1892年、マニラからルソン島北部のダグパンまでを結ぶ195キロの路線が開業したのが始まりである。その始発駅がこのトゥトゥバンだった。その後、アメリカ統治下で南部のレガスピまでおよそ480キロの幹線も開業し、トゥトゥバン駅はマニラ中央駅として多くの旅客で賑わった。最盛期には避暑地へ向かう旅客のために1等車や食堂車を連ねた豪華列車

マニラ・トゥトゥバン駅構内。
日本の中古車両も多く発着する（撮影：白川淳）

がトゥトゥバン駅に発着していたという。

だが、アメリカ統治下で近代化が進んだフィリピンでは、アメリカが自動車社会へと移行するのに伴い、鉄道よりも幹線道路整備に力が入れられていく。その流れは戦後の独立後も変わらず、やがてフィリピン国鉄は利用者の減少により深刻な債務超過に陥った。

そこで１９８９年、伝統あるマニラの玄関・トゥトゥバン駅は鉄道駅としての機能を停止し、駅舎を民間デベロッパーへリースした。その結果、１９９４年に現在のショッピングセンターが誕生したのである。このとき、フィリピン政府は施工業者に対し、駅舎の歴史的建造物としての価値をなるべく保存するように求めており、コロニアルなトゥトゥバン駅舎は往年の姿のまま残されることになった。

一方、トゥトゥバン駅を追われたフィリピン国鉄は、駅舎の北側に本社を移し、その後方に広がるタユマン駅を新たなマニラの玄関駅とした。「駅」といってもまともなプラットホームすらなく、機関庫の建物を間借りして切符売場と待合室を造っただけ。操車場の片隅で旅客の乗降を認めただけの仮駅のような場所で、世界一侘《わび》しい首都の中央駅と言っても過言ではなかった。

ところが、この落ちぶれたフィリピン国鉄を象徴するかのような発着場が、２００７年６月にタユマン駅から再び南方へ移動した。本社屋内に発券カウンターを設けて駅舎の機能を与え、建物の真裏にあるホームを旅客乗場として開放したのだ。そして、駅名は由緒正しいトゥトゥバンの名が復活した。いつの日か、本社の向かいでショッピングセンターとして今も隆盛を極める往年の名駅舎のように、フィリピン国鉄の首都の玄関駅として、新生トゥトゥバン駅に旅客が溢れることを祈りたい。

②レガスピ駅
……災害で休業を繰り返す受難の終着駅

フィリピンの鉄道が衰退の歴史を辿ってきた原因は、自動車社会化の進行だけにあるわけではない。フィリピン国鉄を長年悩ませ続けているのは、頻繁に発生して鉄道施設に被害を与える自然災害の繰返しである。

フィリピン国鉄の幹線だったマニラからの北方線は、１９９１年のピナトゥボ火山の大噴火によって全線が運休となり、そのまま事実上の廃線となっている。南方線もマヨン火山の噴火や台風、洪水などで鉄橋が流されたり線路が土砂に埋もれたりして、特に南方の区間はしばしば長期運休を強いられてきた。したがって、その南方線の終着駅であるレガスピ駅は、ひとたび災害で鉄道施設が被害を受けると何年もの間列車が到着しなくなる、という事態に何度も遭遇している。

１９４０年にマニラからの路線が延伸してきたレガスピ駅は、行止り式の頭端式プラットホームの先

石造り風の瀟洒なレガスピ駅舎

端に駅舎を構えるフィリピン国鉄の南の終着駅である。この街からは、円錐型が美しいマヨン火山を間近に望み、車窓からもその均整のとれた山容を眺めることができる。普段からかすかな噴煙をたなびかせていることが多いが、ひとたび大爆発すると、ふもとを走る鉄道路線はあっというまに不通の憂き目に遭う。そうなると、長距離路線の南の端にあり、マニラのように都市型近郊区間列車が設定されているわけでもないので、１日１～２本の長距離列車しか来ないレガスピ駅までの運転再開は復旧の優先順位が下がってしまうのだ。

　それに、並行する幹線道路が整備されていて長距離バス路線が充実しているため、もともと旅客も多くない。「ビコールトレイン」の愛称で親しまれていたマニラからの長距離列車の利用客は、ほとんどが途中駅で下車してしまい、レガスピまで乗り通す客はごくわずかだった。

　１９７０年代後半から80年代にかけてマヨン火山噴火の影響で休業を続けていたレガスピ駅は、90年代には一応の復旧を果たしてマニラとの長距離列車を迎え入れていたが、２００６年に台風で鉄橋が流されてしまった後は、近距離列車の運行だけが細々と続けられている。ひとたび災害や事故が起こると数年間運休し、その間に駅構内のホームや線路は荒れ放題になる。列車が来なくなった途中駅では、ホームや線路上に住民が勝手に小屋を建てたりして不法占拠状態が頻発する。

南方線が完全に長距離列車の復活を断念したわけではなく、２０２０年には、レガスピの北方に位置する地方都市ナガとマニラとの間で、新型コロナウイルス対策の医療物資を運ぶ貨物列車が計画され、試運転も行われている。マヨン火山をはじめとする美しくも獰猛《どうもう》な円錐火山群を車窓に眺めながら、マニラからレガスピまで旅客列車で旅する日がいつか再び来ることを、フィリピン国鉄の健闘とともに祈りたい。

(2) ベトナム

①ハノイ駅……駅舎の半分だけに仏領時代の面影

ハノイは、町の中心部でも混然とした街並みの中に住民の日常生活がしっかりと根付いている、一国の首都にしてはいささかのんびりとした都市である。南部の中心都市であるホーチミンでは幅広の大通りに車の波が絶えず、高層ビルやネオン広告が増えて近代都市へと変貌を遂げ続けているのに比べると、ハノイにはフランス植民地時代からの古い建物や狭い路地が今も多く、ローカルムードが漂う。

そののどかなハノイの玄関口が、ベトナム国鉄の筆頭駅とも言うべきハノイ駅だ。1902年の開業以来、100余年にわたってベトナムの鉄道の中心駅として機能し続けており、現在も中国との国際列車が発着する首都の顔である。

ハノイ駅では、何といってもかつての宗主国フランスが建設した欧風駅舎が目を引く。ただ、往時の姿を完全にとどめているのではなく、クリーム色の重厚な駅舎の正面中央部分だけが無機質な現代風になっているので、全体を眺めると中央部分のバランスがどうしても悪く見える。これは、ベトナム戦争中に米軍機の爆撃を受けて駅舎中央部が破壊されてしまい、その部分だけをソビエト様式で修復したことによる。駅舎内部も、中央玄関の内側にあるコンコースよりもその両サイドに広がる欧風駅舎部分の

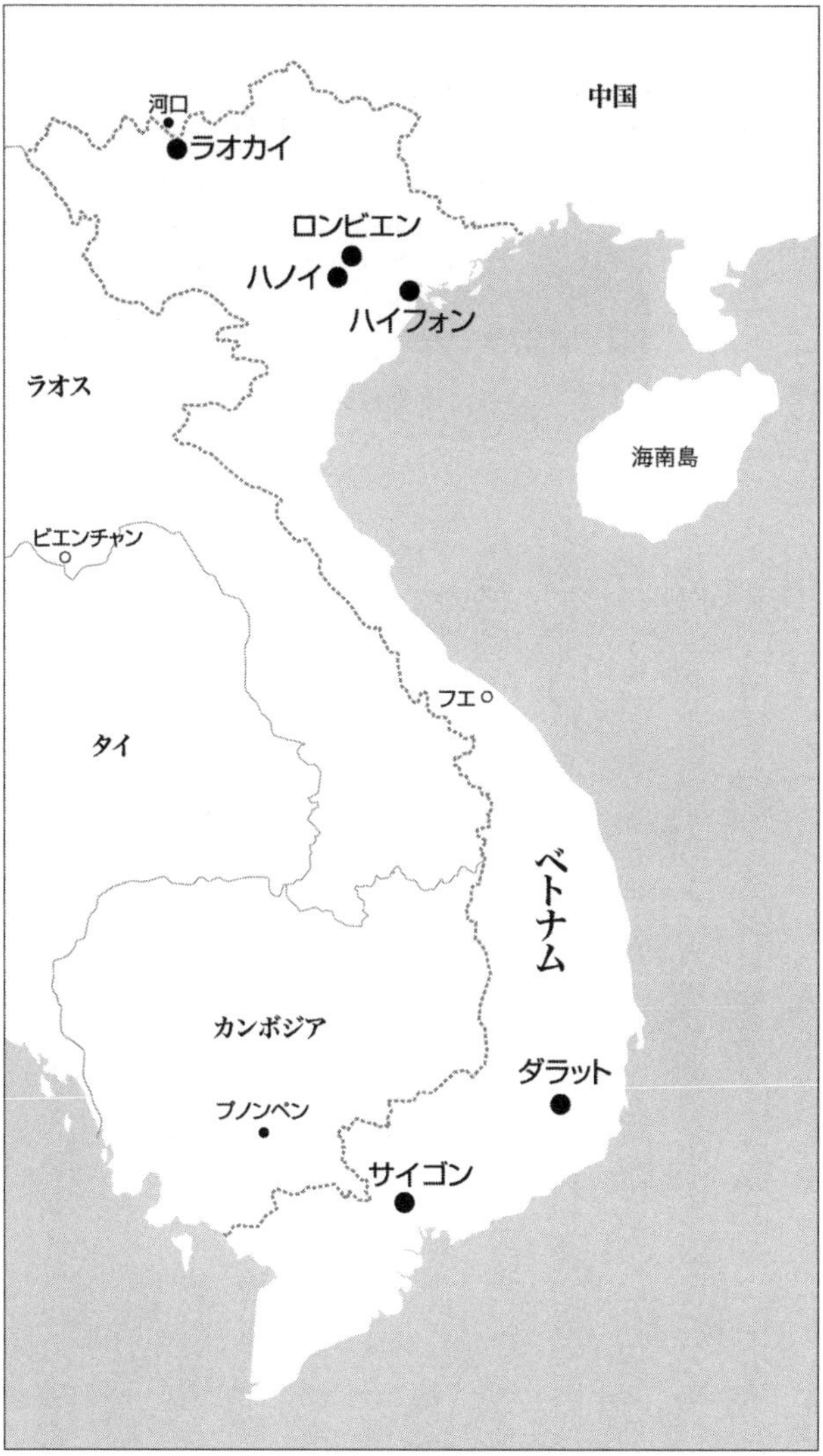
中国
河口
ラオカイ
ロンビエン
ハノイ
ハイフォン
ラオス
海南島
ビエンチャン
フエ
タイ
ベトナム
カンボジア
ダラット
プノンペン
サイゴン

フランス統治時代に建設されたハノイA駅の駅舎

方が天井が若干高く、開放感に溢れている。

駅舎に面した1番ホームにはオープンスタイルのカフェテラスがあり、長距離列車の出発前になると、日陰に隠れたテーブル席に腰を沈めながら穏やかに出発の時を待つ旅人の姿が旅情を醸し出す。ホーチミンからの長距離列車や中国からの国際列車は概ねこの1番線をはじめ駅舎に近いホームに発着し、駅舎から離れたホームでは近距離列車が待機して地元客の乗車を静かに待っている。ホームの高さは30センチほどしかなく、構内の線路にはコンクリートの板が敷き詰められていて、隣のホームへも線路上を歩いていくことになっている。

このハノイ駅、構内を見るとまるで1つの駅だが、正確にはA駅とB駅に分かれている。フランス製駅舎が建つのはA駅で、南のホーチミンへと通じる通称「統一鉄道」の旅客はこちらを利用する。一方、北方への列車を利用する旅客はA駅の真裏に駅舎が建つB駅を利用することになっている。通常、「ハノイ駅」と言えばA駅のことを指すのであって、B駅は駅舎が面している通りの名にちなんで「チャンクイカップ駅」と呼ばれることもあるという。

どこがA駅とB駅の境界線なのかはっきりしないので、B駅は威厳ある駅舎を持つA駅の裏口のような雰囲気さえある。だが、近距離列車を担当するB駅周辺は、大型の市場が終日賑わいを見せるなどハノイ市民の日常生活空間のど真ん中だ。オールドタウンの面影を随所に残すハノイの真の玄関口は、実はB駅の方と言うべきなのかもしれない。

②ダラット駅
……文化遺産になったフランス風駅舎

歴史的価値のある鉄道施設を保存するという発想は、発展途上国ではなかなか難しい。実用として使いもしない施設を手間ひまかけて整備するという行為は、生活レベルの向上による余裕の産物といえるからである。さらに、他国の植民地支配を受けていた国の場合は、植民地統治下で生まれた産業遺産の歴史的価値を冷静に判断できるほど、その国の民意が成熟しているかどうかという問題が加わる。

ホーチミンの北東約250キロの山岳地に位置するダラットの鉄道駅舎は、経済発展を続けるベトナムで、鉄道の駅舎が初めて国家歴史文化遺産として公認された先駆的実例である。文化情報省による認定は2001年12月28日、21世紀に入った最初の年のことであった。

南シナ海に近いタップチャムから標高1500メートルのダラットまで鉄道が建設されたのは1908年。当時のベトナムはフランス領インドシナ（仏印）と呼ばれていた。1932年、フランス人建築家のリヴェロンとモンセットの2人が新たなダラット駅舎を設計し、6年の歳月をかけて1938年に完成。南フランス風の建物だが、ダラット高原の最高峰であるランビアン山の3つの山頂をモチーフにした3つの三角屋根が特徴で、当時の仏印で最も美しい駅舎の一つとして高く評価されていた。

ベトナム初の文化遺産駅舎に認定されたダラット駅舎

その後、フランスからベトナムが独立して南北間の戦争が続いた時代には鉄道の運行そのものが途絶したが、1991年になってベトナム政府がダラット及びその近郊区間の路線を観光用に復活させた。以来、ダラット駅舎は高原の避暑地を走るミニ観光鉄道のシンボルとして再び多くの旅客を迎えるようになる。

とりわけ、ベトナム国内の新婚旅行先として避暑地ダラットは人気を集め、現在では経済的余裕の生まれたベトナム人旅行者も全国からこの駅を訪れている。最近は、廃線となったタップチャムまでの区間を復活させようという計画も持ち上がっているようだ。かつてこのダラットへ至る路線は、アプト式の蒸気機関車が急勾配に挑むベトナム屈指の山岳路線として知られていた。

色鮮やかなステンドグラスに囲まれたクラシックな雰囲気の駅舎の待合室を抜けてホームに立ち入ると、1930年代当時を復元した小さな現役客車とともに1機の蒸気機関車が佇んでいる。この機関車（131－428号機）、実は昭和11（1936）年に製造された元・日本国鉄のC12である。日中戦争の頃、日本軍が中国の雲南省にC12を持ち込んで現地で使用し、そのまま残されたものの一部が戦後になって中国から北ベトナムに譲渡された。そのうちの1機が、ベトナム中を走り回ってこの高原の終着駅に辿り着いたものと思われる。日本からこの駅にやって来て、数々の戦乱をくぐり抜けた末に解体を免れてこの文化遺産駅で余生を送る昭和初期の日本製蒸気機関車の姿に接すると、その数奇な運命にこそ文化遺産級の価値と日本人としての感慨を覚えずにはいられない。

③ラオカイ駅
……昼間は列車が来ない高原リゾートの玄関

日本では近年、夜行列車が次々と姿を消している。令和の世まで生き残った毎日走る定期運行の夜行列車は、日本全国で東京—高松・出雲市間を走る寝台特急「サンライズ瀬戸・出雲」の各1往復だけ。夜に乗って翌朝に目的地へ、という汽車旅のスタイルは、日本では急速に過去のものとなりつつある。

ベトナム北部には、そんな日本とは対照的に、発着する旅客列車のほとんどが夜行列車という高原リゾート地への玄関駅がある。中国と国境を接するラオカイ駅だ。

フランス統治時代の1906年にハノイとの営業運行が開始されたこの国境駅は、1910年には清王朝の治世だった昆明（雲南省）からハノイを経てさらに100キロほど東南東の港町・ハイフォンまで直通する滇越鉄道の一部となった。第2次世界大戦後も中越蜜月時代には貨物列車が両国間を往来する国際路線の北ベトナム側玄関駅として重要な地位にあったが、1979年の中越戦争によって国際列車の運行は中断され、ラオカイ駅から40キロ以上のベトナム側路線が徹底的に破壊されてしまう。その

ハノイからの夜行列車がラオカイ駅に到着

後、１９９６年に国境の鉄道橋が修復され、翌１９９７年からはハノイ—昆明間を結ぶ国際旅客列車も発着するようになった。だが、２００２年に中国側の路線で事故が発生して中断された国際旅客列車はその後も復活せず、1番線ホームに面した出入国審査場の建物は閉鎖されて久しい。現在は国際色よりも、ベトナムを代表する高原リゾート地・サパへの玄関口として、ハノイからの国内列車のみが発着する観光駅の性格が強くなっている。

　そのハノイとの２９６キロを結ぶ旅客列車は現在、往復とも夜行列車が主流となっている。東海道新幹線で「ひかり」が1時間半弱で結ぶ東京—豊橋間にほぼ等しい距離なのに、ハノイとラオカイの双方からそれぞれ4~5本、つまり往復あわせて10本近い夜行列車が毎晩、時間を空けずに出発するのだ。日中にハノイ—ラオカイ間を直通する列車が1往復だけなのに、である。

　走行距離が短いから、それぞれの終点の到着時刻は当然、早朝ばかりとなる。多方面からの列車が発着するハノイと異なり、中国との国際列車がなくなったラオカイにはハノイからの路線しかない。したがって、ラオカイ駅では夜明け前後にハノイからの列車が次々やって来て大勢の観光客で一時の賑わいを見せる。そして、ハノイへ向けて出発する貴重な昼行列車が朝早く出発すると、その対となるハノイ発の列車が夕方に到着するまで半日近く、旅客の姿はほとんど見えなくなってしまう。そして、日がとっぷりと暮れた頃、サパから山を下りてきた観光客たちで駅舎の内外は溢れかえり、往年の上野駅のごとく次々と夜行列車がハノイに向けて旅立っていく。この夜の出発前が、ラオカイ駅が一日で最も賑わうときである。

④ハイフォン駅
……雲南省から続く伝統路線の終着駅

ベトナムの鉄道は首都のハノイを中心に、ちょうど東西南北の4方向へ路線が伸びている。ただ、それぞれの路線相互間を直通する旅客列車はなく、全ての路線の列車がハノイを起終点としている。その4路線の中で最も日常生活感が強いのが、港町・ハイフォンへの１０１・４キロのローカル線だ。他の路線はいずれも昼夜をかける長距離列車が主役だが、この路線だけは沿線住民の日常生活の足として気軽に利用されている。

もっとも、終着駅のハイフォン駅舎は2階建ての瀟洒《しょうしゃ》な欧風建築で、生活路線の終点にしては過分なほどの重厚感を備えている。１００年以上前のフランス統治時代に建てられた伝統の駅舎は、ハイフォン駅のみならずこの路線の歴史的重要性を物語る存在といえる。

ハイフォンまでの鉄道が完成したのは１９１０年。その起点はハノイではなく、遠く国境を越えた中国の雲南省昆明であった。滇越鉄道と呼ばれたこの鉄道は、フランスの国策会社が、雲南省を半植民地化して錫や鉛、鉄などの豊富な地下資源をハイフォン港へ輸送することを目的として建設・運営していた。ハノイは9世紀以来の歴史を持つ古都だが、その重要都市を起終点とせず、通過して港町へ物資輸送のための直通鉄道を建設するというのは、フランスをはじめとする欧米各国がアフリカや南米など世界中の植民地で実践してきた典型的なスタイルだ。世界へ向けた物資輸出の玄関口となるハイフォン駅が重厚な駅舎を構えている理由もそこにある。

ハイフォン駅舎。今はもっぱら地元客のみが利用している

今では中国からの物資輸送の役割は終わり、ハイフォン駅はハノイとの都市間交通旅客とベトナム国内からハイフォン港を利用する貨物の輸送を主たる任務としている。ハイフォン港自体はベトナム有数の国際貿易港であり、街全体も賑やかだが、外国人観光客がハノイから列車に揺られてこの瀟洒な駅舎の前に降り立つことは少ない。並行する道路を走るバスの方がスピードも速く快適で、しかも15〜20分間隔で頻発しているとあっては、古びた客車を連ねて1日数本走るだけのローカル線では勝負にならない。ハノイから全区間を乗り通す旅客よりも、途中駅からの利用者の方が目立つ。

それでも、列車の到着に合わせて駅前にはタクシーやバイクタクシー（原付の後部座席に客を乗せて走る)、シクロ(自転車の前に人力車の座席を連結して押しながら走る)がたむろして下車客を待ち構えている。潮の香りが漂う港湾地区までは繁華街を通って歩いていける距離なので、急ぎでなければ利用する必要は少ないが、商魂たくましく下車客に声をかける彼らの熱気が、重厚な駅舎にふさわしい伝統ある終着駅の賑わいを毎日演出している。

⑤ロンビエン駅
……伝統ある人車橋梁を望む駅

ハノイ市の北側を滔々と流れる紅河《ホンハー》。市街地に近い位置でこの大河を跨ぐ橋梁は、フランス統治時代から80年以上もの間、ロンビエン橋という1902年製の鉄橋だけであった。全長1682メートルに及ぶこの長大な鉄道・道路併用橋を設計したともいわれるギュスターヴ・エッフェルというフランス人技師は、その名の通りパリのエッフェル塔を設計したことで知られているが、鉄道駅舎や鉄道橋梁の設計を数多く手がけた人でもある(近年はエッフェル設計説は疑問視されているようである)。

1986年になって河口側にチュオンズオン橋という新しい自動車橋梁ができてからは、自動車の流れはそちらへ移行したが、鉄道橋梁としては竣工から120年近く経った今も現役だ。単線の線路の両側に自転車・バイクの専用通路が併設されていて、轟音とともに鉄橋を渡る列車を間近に眺めることができる。かつては歩いて渡ることもできたが、現在では歩行は禁止されている。

このロンビエン橋のハノイ市街地側のたもとに、ロンビエン駅は位置している。ロンビエンとはもと

ロンビエン駅に隣接する1902年竣工のロンビエン橋梁。
橋梁の中央部にベトナム戦争時の米軍による空爆で破壊された痕跡が残る

もと川の北側の地域を指す地名だというが、駅の場所は橋の南側である。単線の線路が橋からまっすぐ延びている場所に狭いホームを強引に設置したかのような雰囲気で、どう見ても列車の始発や終着に適した構造ではないが、港町のハイフォンへ向かう列車の大半はなぜかハノイ駅ではなくこの駅が起終点となっている。同一列車が長時間停車していては上りも下りも列車の運行が滞ってしまうため、ロンビエン駅で始発もしくは終着となる列車は短い停車時間だけで慌ただしく出発してしまうようだ。引込線も側線もないので、ハノイ駅との1駅間だけ客扱いをしない回送列車として運行する必要があるのだが、そんなことをしてまでハノイ駅発着にしない理由はわからない。

　下町風情が色濃い近郊区間の中間停留所のようなこの駅のホームから、ロンビエン橋の線路が対岸までまっすぐ見通せる。ベトナム戦争時にアメリカ軍の空爆で中間部分が破壊され、応急措置で対応しながら鉄道橋梁として100年以上使用され続けてきた橋梁の状態の悪さは、橋の上の歪んだ線路状態を見れば容易に察せられる。橋の中央部分の鉄骨は山形の緩やかな曲線を描いていて、完成当時はインドシナの植民地の中で最も大きく、かつ美しい橋だったというが、その山形部分の一部がベトナム戦争時に破壊されたままになっているのもわかる。至る所に錆が浮き出ていて、幾星霜を経た鉄橋の老朽ぶりが窺える。

この老橋をどうすべきか、ベトナムでは長く議論が続いてきたが、２０１４年になって、並行する新しい橋梁を建設することによって保存する方向性がベトナム政府から打ち出された。ただ、新しい橋に鉄道が通るとしたら、既存橋に隣接するロンビエン駅は移転を余儀なくされることが予想される。狭々とした現在の駅がどうなるのかも、橋の保存方法とともに注目したい。

⑥サイゴン駅
……旧名を名乗り続ける南ベトナムの要衝駅

都市の名前が何らかの事情で変わっても、その街の玄関口となる鉄道駅の名称までが自動的に変わるわけではなく、旧名を名乗り続けるケースは決して珍しくない。東京・山手線の原宿駅の名は、明治時代末期の開業時の近隣の地名に由来しているが、「原宿」という地名は公式にはすでに現存しない。ロシアや中央アジアなどかつての共産主義諸国では、ソ連崩壊後に共産主義時代の地名が多く改称されたが、鉄道の駅名は今もソ連時代のままで営業しているところがあちこちにある。

ベトナム南部最大の商業都市であるホーチミンシティーも、そんな駅名と地名の乖離が長く続いている都市の一つである。この街はかつてサイゴンと呼ばれ、ミュージカル「ミス・サイゴン」で世界にその名を知られているが、ベトナム戦争末期の１９７５年に北ベトナム軍が南ベトナムの首都だったこの

ホーチミンの肖像画が見下ろすサイゴン駅改札ホール

街を接収した直後、指導者の名前にちなんでホーチミン市と改称された。

１００年以上前の１８８５年、フランス統治時代に開業したサイゴン駅は、かつてはサイゴン川に近い中心街に位置していたが、ベトナム戦争終結後に現在の場所に移転した。そのときもホーチミンシティー駅と改名することなく、サイゴン陥落から40年以上が経過した今なお、駅名は昔のままだ。もっとも、駅名だけが浮いた存在というわけではなく、ベトナム市民の間でも、サイゴンという旧称は今なお生活の中に根付いている。

かつて統一鉄道を走った蒸気機関車が展示されている駅前広場から駅舎の中に入ると、改札前のホールの壁面にホーチミンの巨大な肖像画が掲げられている。ホームは地面と同じ高さの低床式で３面５線あり、旅客はみんな線路を横断して車両と駅舎の間を往来する。昼は南国らしい陽射しが列車やホームの乗客を照らし、夜は車両のデッキ前に掲げられたカンテラの炎がエキゾチックなムードを醸し出す。

改札口は常時開放されているわけではなく、列車の出発時と到着時に乗車券や入場券を所持している利用者だけが通過できる。列車の出発前は、指定席であっても大きな荷物を抱えた乗客たちが我先に自分の車内を目指して早足になる。到着時は改札口や駅舎の前にタクシーの客引きが大勢たむろしていて、大きな荷物を抱えて改札を出るとひっきりなしに彼らから声がかかる。

このサイゴンは今のところ、遠くヨーロッパからロシアや中国を経由して鉄道でアジアへやってきた場合の終着駅となっている。サイゴンの西にあるカンボジアの首都・プノンペンまでの間が、今まで一度も鉄道路線で結ばれたことがないのだ。その先はタイやマレーシア、シンガポールまで再び線路が続いている。インドシナ半島を鉄道で結ぼうとする国際計画は古くからあるが、なかなか実現には至っていない。おかげでサイゴン駅は、まだしばらくの間、名実共に終着駅として機能し続けそうである。

（3）カンボジア

①プノンペン駅
……動乱の歴史を刻んだ伝統駅舎

私は平成17（2005）年に刊行した『アジアの鉄道の謎と不思議』（東京堂出版）の中で、カンボジアの旅客車両を「東洋一ボロい」と表現したことがある。客車に窓ガラスが1枚もないのは序の口で、車内の床板が破れて歩けず、天井や内壁板はめくれ上がり、座席は床下に陥没するなど、まるでスクラップ作業を途中で中断して営業復帰させたかのような車両が、実際に客を乗せて走っていたからだ。

かようにカンボジアの鉄道が荒廃しているのは、1970年代後半のポル・ポト派によるカンボジア支配と、それに前後する長い内戦の影響による。特にポル・ポト率いるカンボジア共産党（クメール・ルージュ）は、農村中心の社会を建設するという名目で近代文明を否定し、公共の交通機関もことごとく廃止された。

ただし、文明破壊を試みたポル・ポト派も、鉄道そのものを完全に消し去ることはしなかった。それどころか、同盟国である中国の支援を受けて内戦で破壊された鉄道を復旧し、農作物を輸出するために貨物列車を運行した。国民には移動の自由を認めなかったポル・ポトも、自らは専用列車で国内を移動した。カンボジア共産党にとっても、鉄道は必要な文明の利器だったのだ。

タイ
アランヤプラテート
アンコールワット
メコン川
バッタンバン
カンボジア
プノンペン
ベトナム
ホーチミン(サイゴン)

プノンペン駅舎。かつてこの駅の一室で、ポル・ポトらが革命勢力の幹部に任命された

その当時からカンボジア鉄道の中枢機能を担っていたのが、首都の中心部に位置するプノンペン駅である。プノンペン駅はカンボジア初の鉄道駅として１９３２年に開業していたが、現在の駅舎は１９４２年に当時の宗主国であるフランスの手によって建設された。独立後の１９６０年代には、隣国のタイへ直通する国際列車も発着したという。長い戦乱の時代にも破壊を免れ、今もカンボジア王立鉄道のシンボル的存在となっている。発着する列車が少ないためいつも閑散としているが、高い天井に白い柱が半円の弧を描く中央ホールや整然と並ぶ出発ホームの佇まいは、往年の栄華を偲ばせる。

この伝統ある首都の中央駅は、カンボジア現代史の一舞台でもあった。１９６０年、カンボジア共産党の前身であるクメール人民革命党は、この駅の中で第２回党大会を開催したとされている。出席者21名というこの秘密会合で、党の常任中央委員にポル・ポトが、中央委員には後に副首相を務めるイエン・サリが任命された。フランス留学を経験した若手活動家がクメール人民革命党の指導者層の中で台頭し、それまで中心的存在だった植民地時代の抗仏闘争経験者からの世代交代が進んでいることを、この会合は示していたのだ。のちにカンボジア全土を恐怖に陥れたポル・ポト派の指導者たちの暴走は、まさにこのプノンペン駅から始まったと言っても過言ではないだろう。その暴走の果てに残された鉄道が負った深い傷は、壮麗な駅舎に比べてあまりにも痛々しい「アジアで最もボロい」旅客列車の姿が何よりもよく物語っている。

なお、このときプノンペン駅で指導者の一人に選出されたポル・ポトは、内戦に敗れてタイ国境付近の密林へ逃れた後もゲリラ活動を継続し、1998年に死去。イエン・サリも1990年代半ばまでゲリラ戦を指揮したが、のちに投降した。2007年になって、ポル・ポト政権時代の自国民大量虐殺などを理由に逮捕され、特別法廷で裁判にかけられたが、その結論が出ないまま、2013年に亡くなっている。

②バッタンバン駅 ……〝バンブートレイン〟の最寄り駅

1990年代後半にようやく内戦が終結したカンボジアでは、鉄道施設は並行する自動車道路の整備とは対照的に、荒廃したままの箇所が多い。ASEAN(東南アジア諸国連合)がシンガポールからインドシナを経て中国へと通じる東南アジア直通鉄道の構想を打ち出したときも、もともと路線がなかったカンボジア―ベトナム間は別にして、既存の路線で最も運行に支障をきたすと見られていたのが、カンボジアの国内路線だった。

こうした状況を改善すべく、外資やアジア開発銀行などの協力を得て、タイとの国際連絡鉄道の復活

廃線跡のような寂れたバッタンバン駅構内。
客車はプノンペン行き

も含む鉄道リハビリ計画が本格的に始動。２００９年からは全区間で列車の運行を休止して、レールの交換も含めた根本的な改良工事が進められている。すでにプノンペン―シアヌークビルまでの南線では、一部の区間で貨物列車の運行が再開されている。

一方、タイとの直通運転が期待されている北線のリハビリ工事は遅れている。ところが、列車が走らなくなったバッタンバン近郊では、その放置されている鉄道施設に外国人観光客の姿を見かけるようになっている。そのお目当ては通称、「バンブートレイン」。竹で作られた荷台に農耕用小型エンジンを取り付けて、線路の上を走る自家用車両である。

バンブートレインは、旅客列車が運行されていた時期からすでに見られた。合法的に線路を利用しているわけではないので、単線上で正規の列車に遭遇したときは、軽い車体を一時的に線路際へ避難させてやり過ごす。バンブートレイン同士が遭遇したときは、乗車人数の少ない方の車両が道を譲るという暗黙のルールがあるという。人も荷物も家畜も運ぶ貴重な交通手段として、沿線住民の間ですっかり定着している。

今や全く列車が来なくなったバッタンバンでは、このバンブートレインに興味を示す外国人観光客に目をつけた地元住民が、気軽に往復できる体験乗車区間や外国人向けの運賃まで設定するようになった。といっても、本来は違法な乗り物なのでバッタンバン駅には乗り入れず、郊外にある小さな村から乗車する。おかげで、バッタンバン近郊の線路は草に埋もれて錆つくこともなく復活の日を待っているが、バンブートレインからも縁遠い肝心のバッタンバン駅は廃墟同然となっていて、交通の要衝としての機能を完全に失っている。駅舎正面の時計は止まったままで、フランス植民地時代に建てられたと思われる瀟洒な機関庫も閉鎖され、草むした構内は近所の子供の遊び場と化している。

かつてこの駅からは、肥沃な穀倉地帯であるバッタンバンで収穫された良質の米を輸出するため、貿易港であるシアヌークビルへの貨物列車が頻繁に発着していたという。当初、2013年にはプノンペンからこのバッタンバンを経てタイ国境付近までの区間が再開するとも言われていたが、バンブートレインの活躍ぶりとバッタンバン駅の寂れぶりからは、そんな時期はまだまだ先のことのように思われる。

(4) タイ

①ノーンカーイ駅
……ついに国際列車が姿を見せた国境駅

アジア諸国において、国内に鉄道を全く持たない国は極めて少ない。戦乱が続くアフガニスタンでさえ、北部のウズベキスタン国境に旧ソ連が敷設した短区間の貨物路線が存在する。ユーラシア大陸内にあって鉄道と全く無縁なアジアの国はほぼアラビア半島に集中しており、その他の地域では、日本はもちろん、台湾やインドネシア、スリランカのような小さな島国でさえ鉄道を持っている。

ところが、アラビア半島から遠く離れた大陸内の東南アジアにあって、唯一ラオスだけは鉄道を持たなかった。かつてフランスの植民地だった時代には小さな地方鉄道が存在していたこともあったが、独立後の国内交通整備の対象はもっぱら道路だった。

そんな鉄道無縁国へレールを延ばそうとしていた隣国タイのターミナルが、メコン川の対岸に位置するノーンカーイ駅である。首都バンコクから624キロ離れたこの国際河川のほとりまで鉄道が延伸してきたのは1958年のこと。メコン川に架かる橋などなかった当時、ここはまさに絶対的終着駅だった。

ところが1994年、ノーンカーイから対岸のラオス領ターナレーンまで、全長4500キロのメコ

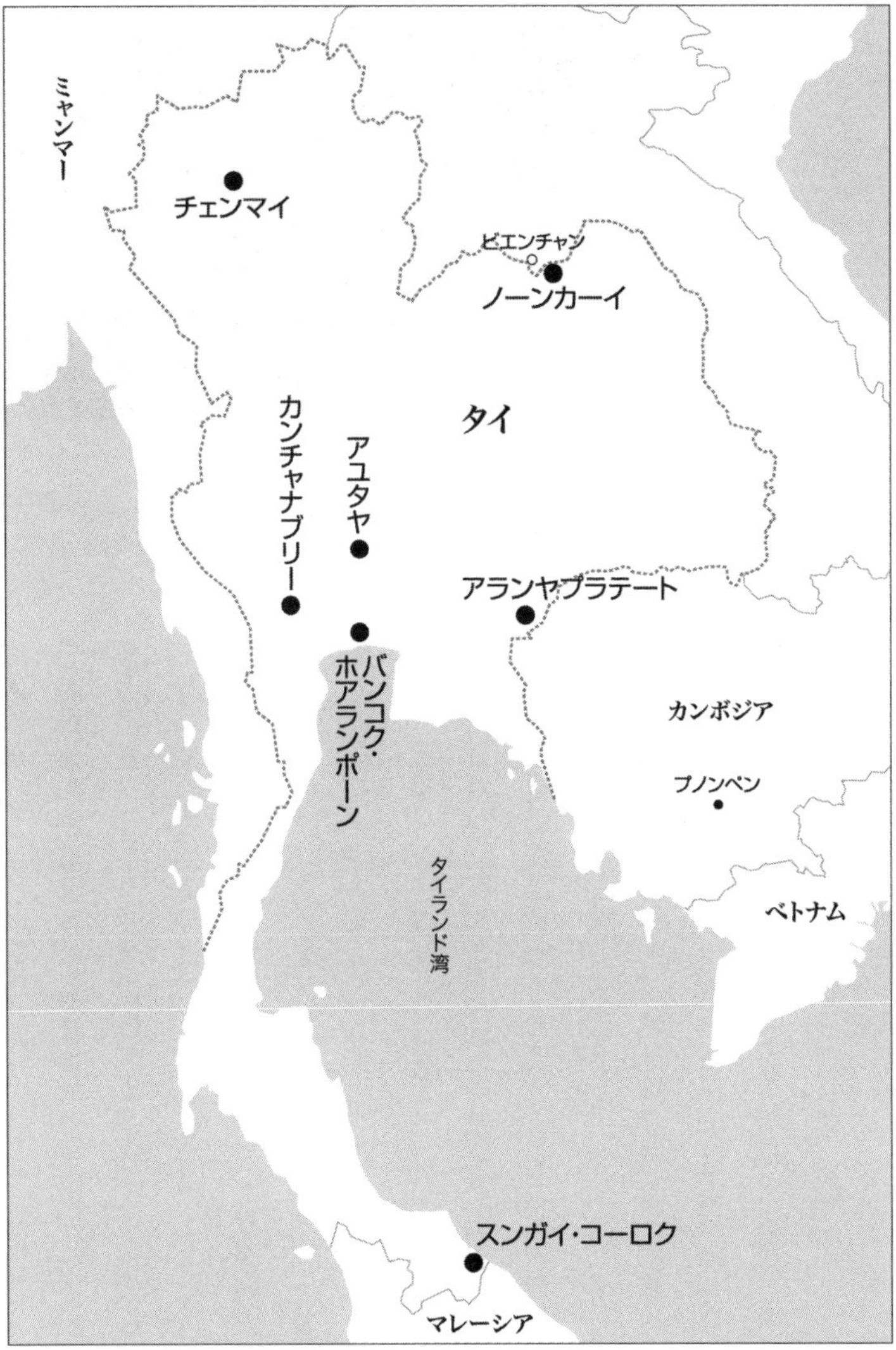
ミャンマー
チェンマイ
ビエンチャン
ノーンカーイ
タイ
カンチャナブリー
アユタヤ
アランヤプラテート
バンコク・ホアランポーン
カンボジア
プノンペン
タイランド湾
ベトナム
スンガイ・コーロク
マレーシア

左隣が「ラオス人民民主共和国ターナレーン」と記されたノーンカーイ駅の駅名標。
ラオスへの直通運転開始前から設置されていた

ン川で初めてとなる人道橋が架けられた（タイ・ラオス友好橋）。当面は自動車のみが往来を認められたが、自動車道の中央分離帯の部分には単線の鉄道線路が敷設された。２０００年にはノーンカーイ駅が市街地からやや離れたこの橋梁付近に移転。ホームには北隣のラオス・ターナレーン駅の名を記した駅名標が早々と掲げられ、ラオスへの国境駅としての準備は着々と進められた。

もっとも、ノーンカーイ駅から友好橋の上へと延びてきた線路は、橋の中央に引かれているタイとラオスの国境線部分でぷっつりと断ち切られ、ラオス側には線路が１センチもない状態が長く続いていた。そこへ、１９９０年代後半のアジア通貨危機などが財源不足に追い打ちをかけ、直通列車の運転計画は１９９９年には一時中止に追い込まれてしまう。その直後に現在地へ移転したノーンカーイ駅は、建物こそ立派になったものの、市街地から遠く離れて寂寥感すら漂う鄙びた田舎の終着駅になり果てた。

その一方で、タイやラオスを含むＡＳＥＡＮ諸国の間では、シンガポールからマレー半島、インドシナ半島を縦断して中国へ、さらにその先のヨーロッパまでを線路で結ぼうとする「東南アジア縦貫鉄道」計画が進められている。このノーンカーイの友好橋を通るコースも、複数ある候補ルートの一つ。ノーンカーイ駅は単に隣国への玄関駅となるだけでなく、いずれは大陸縦貫鉄道のメインターミナルとなるべく、その第一歩としてのラオスへの延伸を辛抱強く待ち続けた。

そして、友好橋の架橋からは15年、延伸を見越して郊外に駅ごと移転してから実に9年目にして、ついに友好橋から3・5キロだけラオス側に入ったターナレーンまでの国境区間が開業した。ノーンカーイ駅は開業から51年を経て、ついに国際列車が発着するようになったのだ。それは同時に、滔々と流れる大河メコンを越える最初の鉄道の出発駅として、ノーンカーイ駅がアジアの鉄道史にその名を刻んだことをも意味しているのである。

②カンチャナブリー駅
……観光客で賑わう「死の鉄道」の象徴

第2次世界大戦で東南アジアに戦線を拡大した日本軍は、ビルマへの物資輸送を目的とする鉄道をタイから建設した。工事では日本軍鉄道隊だけでなく、連合国の捕虜や現地募集のタイ人・ビルマ人をはじめとする東南アジアの労働者が苛酷な労務に従事し、膨大な数の死者を出して1943年に開通した。映画『戦場にかける橋』で世界に知られる泰緬《たいめん》鉄道である。

戦時中に建設する軍事路線ゆえ、とにかく短期間で完成することが要求された。したがって、建設にあたっては「本流を渡らず、長大橋を架けず、トンネルを掘らず」を基本方針としたが、その唯一の例

カンチャナブリーにある泰緬鉄道博物館。
正面に「DEATH RAILWAY」（死の鉄道）の横断幕

外が、カンチャナブリーの町を流れるメークローン川本流を横断するクウェー川鉄橋であった。架橋のわずか1年後に連合国軍の爆撃で破壊され、通行不能となったが、第2次世界大戦後、皮肉なことに戦後賠償の一環として日本が修復し、それが現役の鉄道橋梁として今も使用され続けている。

現在、映画によって知名度を上げたクウェー川鉄橋には世界中から旅行者が訪れるようになり、カンチャナブリーはタイ有数の国際観光地となっている。累々たる屍の上に建設された泰緬鉄道は、ミャンマー国境手前のナムトクまでの支線として生き残り、カンチャナブリー駅にはこの鉄橋を見に来る観光客の姿が一年中絶えない。

発着する定期旅客列車は1日数本という単線非電化のローカル線ではあるが、航空路線などない田舎の小都市の玄関口として、列車の発着時にはいつも国内外の旅行者で賑わいを見せている。タイ全土に広がる鉄道路線の中で、このカンチャナブリー駅発着の列車だけは唯一、今や共産主義国でも珍しくなった「外国人料金」なる割高運賃が設定されているのも、この駅の利用者傾向をよく表している象徴的な事例といえよう。

ただ、カンチャナブリー駅を降りて目の前の大通りに出た途端、この路線を表示する道路標識に英語で「Death Railway」と記されているのを目にすると、ちょっとドキッとする。泰緬鉄道が多くの犠牲者を出して建設されたため、別名が「死の鉄道」となっていることは理解できるのだが、カンチャナブリーの町の中では別名どころか正式名称のごとくその名が氾濫しているのだ。町の中で英語の話せるタイ人に道を尋ねると、「Death Railway」という名称が口から滑らかに出てくることが珍しくない。地元では、少なくとも英語では「死の鉄道」という呼称が、さほどの暗いイメージを伴うことなく定着しているらしい。泰緬鉄道の英名は「Thai－Burma Railway」で、現在は終点の名を取ってナムトク線などと呼ばれており、それらの名を使えば済むと思うのだが……。

もっとも、それを「微笑みの国・タイらしからぬ」などと日本人が指摘するのは、日本が悪役となっているストーリーに基づいて観光開発されているこの地では、なかなか勇気のいることではある。

③アユタヤ駅
……祝日に日本製ＳＬが姿を見せる古都の玄関

バンコクから北へ約70キロ、急行列車で1時間半から2時間ほどのところにアユタヤという古い城下町がある。今は世界遺産に指定された遺跡群が国内外からの旅行者を迎える観光地だが、14世紀から18世紀にかけて400年以上も首都として栄えた歴史を持つ。日本の京都みたいな町である。江戸時代に日本から渡って来た日本人たちがここに日本人町を形成し、一代の英雄・山田長政を輩出したことでも知られている。

長い歴史を持つ古都こそ、タイ鉄道の最初の目的地にふさわしいと考えられたのだろうか。１８９４年にタイで初めて開通した国有鉄道の区間は、バンコクからこのアユタヤまでだった。開通日の3月26日は今もタイの鉄道記念日となっている。

１００余年の歴史を持つタイの鉄道網はよく発達していて、外国人旅行者にもよく利用されるが、とりわけこのアユタヤはバンコクからの列車利用の便が良く、観光客でいつも賑わっている。バンコクから日帰り圏内という近さのせいもあってか、バンコク―アユタヤ間のみを結ぶ列車はなく、北方へ向けて頻発するバンコク発の列車を途中下車して訪れることになる。鉄道は長距離利用がメインというのがタイ人の一般的な認識らしく、幹線を走るほとんどの列車は長距離列車だ。このため、バンコクへ帰るときは北方からやって来た長距離列車に途中乗車することになるので、多客期は乗車券の確保や座席の確保に苦労することもある。

ところが、このバンコクからこの近場の古都を結ぶ短距離運転の観光列車が、年4回だけ運行される。3月26日の鉄道記念日、8月12日の王妃誕生日、10月23日のチュラロンコン大王記念日、そして12月5

跨線橋や地下道はないので、停車中の特急列車の目の前で下車客が次々と線路を横断する（アユタヤ駅）

日のラーマ9世（プミポン前国王）誕生日に、バンコク―アユタヤ間を蒸気機関車（SL）牽引による特別列車が毎年走るのだ。客車は木製の座席が並ぶ3等客車のみだが、朝にバンコクからアユタヤへ向かう往路の列車は、いつもタイ人の観光客で早々に切符が売り切れる（夕方の復路は当日でも空席があることが多い）。

この特別列車に充当される蒸気機関車、実は日本製である。いわゆる戦後賠償の一環として、戦後すぐに日本で製造された新車がタイ国鉄に納品された。日本製のSLは欧州製に比べて設計ミス等による不備が少なく、タイの鉄道関係者の間では好評だったという。この特別列車などのためにタイ国鉄が保有している運行可能なSLは、今では日本製のみとなっている。

SL列車がアユタヤに着いても、乗客の多くはSLにカメラを向けてなかなか駅構内から外に出ない。いつもは終着・始発の列車がないので、駅の中の乗客はひっきりなしに入れ替わるのだが、年4回のSL発着日だけはアユタヤ駅に創業当初のようなターミナル的賑わいが戻るのである。

④バンコク・ホアランポーン駅
……タイ全土へ通じる中央駅

東南アジアで最大級の中央ターミナル駅と言えば、タイのバンコク中心部に位置するホアランポーン駅であろう。1897年に開業し、拡張や若干の移動をしつつ100年以上の星霜を経て現在に至っている。丸いアーチ状の屋根の下に、改札の手前は広々としたエントランスが、その向こうには欧米のターミナルに似た櫛型の頭端式ホームが連なっている。タイ全土への長距離列車やマレーシア方面への国際列車がここから踵を接して発着するほか、年に数回、蒸気機関車が牽引する記念列車も姿を見せる。

エントランスホールには巨大な国王の肖像画が掲げられている。朝8時と夕方6時の1日2回、タイでは全土で国歌が流れ、その間は全ての人に1分間の直立不動が求められる。その瞬間、エントランスホールはもちろん、全てのホームと停車中の車内に、駅員・乗務員・利用客たちの国歌や国王賛歌斉唱の声が響きわたる。国歌を知らない外国人でも、王室への敬意を示すための起立は求められる。タイには王室に対する不敬罪があり、外国人だからといって適用が除外されるわけではないので注意が必要だ。

朝8時のホアランポーン駅ホール。
国歌が流れると旅客は全員直立不動

ところで、このホアランポーンという名称は、実は俗称に過ぎない。タイ語での正式駅名は「クルンテープ」、タイ語で「天使の都」を意味する。そもそも「バンコク」という地名自体が通称で、タイ語での正式名称は「クルンテープ・マハーナコーン・アモーンラッタナコーシン・マヒンタラーユッタヤー・マハーディロック・ポップ・ノッパラット・ラーチャタニーブリーロム・ウドムラーチャニウェートマハーサターン・アモーンピマーン・アワターンサティット・サッカタッティヤウィサヌカムプラシット」といい、行政上の公称は「クルンテープ・マハーナコーン」であることから、一般的にクルンテープと呼ばれているのである。

地方の駅からバンコク方面への切符を購入するとき、購入者がバンコクのことを「バンコク」と呼ぶか「クルンテープ」と呼ぶかで、窓口の駅員はタイ人ないしタイ語を理解する外国人かどうかを区別しているらしい。

天使の都の玄関駅には、乗客や駅員はもとより、駅舎の軒下やコンコースに住みついていると思われる人も多く、清潔感の中にも混沌とした雰囲気が漂っている。利用者や列車が各地から運んでくる広いタイの国土の親しみやすい地方臭と、首都の中央駅らしい重厚さが駅構内に満ち満ちていて、東南アジア随一の規模を誇る中央ターミナルは日々活況を呈している。

⑤チェンマイ駅
……古都の懐に位置するタイ最北端の駅

「チェンマイ」とは「新しい都」という意味だというが、13世紀末から19世紀末まで６００年間にわたり独立国の首都として栄えたアジアでも屈指の古都である。その長い歴史の中で育まれてきた独自の伝統文化は、今ではタイ有数の観光都市の魅力となって、国内外の多くの旅行者を惹きつけている。

そのチェンマイに鉄道が開通したのは１９２２年のこと。バンコクからの路線が山岳地帯を越えてチェンマイ盆地にまで到達し、現代の首都バンコクと古都チェンマイが一本の鉄道で結ばれたのである。

チェンマイ駅ホーム入口。パンダやゾウのオブジェの向こうにバンコク行き特急列車が停車中

21世紀の現在では定期航空便が1時間余りで両都市を結んでおり、スピードでは勝負にならないが、比較的遅延が少ない廉価な公共交通機関として、またタイ国内最高地点を通過する山岳路線の旅を楽しむ目的で、あえて鉄道の旅を選択する外国人旅行者も少なくない。

バンコクから７５０キロ離れた終着駅・チェンマイは、ＳＬ時代の給水塔が今も残る側線に隣接する4番線を除いて、１～３番線は櫛型のホームに列車が突っ込んで停止する頭端式になっており、低床式のホームに高いデッキから旅客が降り立つ様子は欧米の都市型ターミナルを思わせる。改札口がないため出入り自由のホームの入口にはパンダやゾウの置物が並べられていて、外国人観光客の利用の多さを窺わせる。駅前にあるホテルのロビーには読売新聞国際版が設置されていて、列車で到着して予約なしで投宿したらその日の読売新聞がその場で読めるようになっている。

駅舎を出て振り返ると、平屋部分の駅舎の屋根は赤茶色に統一され、その平屋の駅舎に向かって右側には山荘風の瀟洒な2階部分が、左側には仏式の塔が建っている。仏式の塔は夜になるとライトアップされる。駅前広場には緑色に塗られたスイス製の蒸気機関車が静態保存されているが、目を向ける人はほとんどなく、たいていの旅行者は駅前からトゥクトゥク（小型の三輪タクシー）やソンテウ（小型トラックの荷台を改造して客席にしたミニバス）で、駅からやや離れた街の中心部へと向かう。タイ国内では最北端に位置する鉄道駅だが、もともとが暑い国なので、蒸し暑い夏の時期に駅から歩いて市街地へ行くのはかなりの体力を消耗する。

日が高い昼間は、チェンマイ駅にとっても静寂の時間である。バンコクへ向かう列車は1日7本。夜行列車が主力のため、出発は夕方以降、到着は朝の時間帯に集中する。数少ない昼行列車はその日のうちにバンコクまで辿り着くため、朝9時までにはチェンマイを旅立っていく。バンコクを朝に出た列車が着くのも夜になってからだ。列車も乗客もほとんど姿を見せない昼下がり、チェンマイ駅には古都の玄関駅らしい悠然とした時間が人知れず流れているのである。

⑥アランヤプラテート駅
……カンボジア国境行楽客はわずか

1990年代半ばから、ベトナム、カンボジア、ラオス、そしてタイで構成されるインドシナ半島を鉄道で結び、シンガポールから中国を経由してヨーロッパまで鉄道で直結しようという壮大な国際鉄道建設計画が東南アジア各国首脳による国際会議で提唱され、具体的な建設構想や計画が進められている。そのルートは各国の思惑も絡んで明確に定まってはいないが、既存の鉄道をなるべく流用して経済的に実現しようとする意味で有利なのは、バンコクからカンボジア、ベトナムを経由して南シナ海に沿って

アランヤプラテート駅で出発を待つバンコク行き列車

走るルートである。この場合、鉄道が存在しないのはカンボジアの首都プノンペンとベトナムのホーチミンの間だけで、あとは既存の路線を活用できることになる。

ところが、「既存の路線を活用」といっても、実際には既存の路線がほとんど廃線同様で大掛かりな整備を要する区間も存在する。タイとカンボジアの国境区間がそれだ。タイ側は国境のアランヤプラテート駅が長らく国境手前の終着駅とされ、国境を超えた東方のカンボジアとの国際列車の運行が中断されてからすでに半世紀以上の月日が流れている。

タイ国境のアランヤプラテート駅は１９２６年、バンコクからの路線が延長されたことで開業した。１９５５年から１９６１年までの短い期間には、国境を越えてカンボジア行きの列車も走っていた。１９６１年にタイとカンボジアが国交断絶してからは再びタイ東部のローカル線の終着駅に戻っている。カンボジア内戦中は難民キャンプが乱立する地域の玄関駅であったが、カンボジア西部が落ち着きを取り戻し国境貿易が復活した１９９０年代には、タイ側の路線がアランヤプラテートから６キロ程度東へ延伸し、ティーユットロットタイ（「タイ停車場」という意味）という国境付近の小さな停車場まで旅客列車が運行されていた時期もある。

２０１９年になると、アランヤプラテートから東の路線が再び延伸し、国境手前のバーンクローンルックまで旅客列車が直通するようになった。バンコクからの列車が国境の目の前まで行くのであれば、カンボジアとの越境旅行者がそこから離れたアランヤプラテートで乗降する意味はなくなる。

もっとも、国境を目の前にした駅が旅客で賑わうのは、両国関係が安定していて国境付近の平穏が保たれているからだ。タイからこの国境を超える旅行者の多くは、カンボジア側で合法化されているカジノが目的のギャンブラーと言われているが、それもまた平和な証拠である。そうした博徒の利用が減ったアランヤプラテート駅は、もっぱら地元客だけが利用するタイの田舎駅の落ち着きを保っている。

⑦スンガイ・コーロク駅
……赤錆びた線路はマレーシアへ続く

タイの首都バンコクから南へ向かって走る幹線鉄道は、途中、ハートヤイというジャンクションで線路が東西の2方向に分かれる。マレー半島の西海岸沿いに南下する路線は、国境を越えたマレーシア側で首都のクアラルンプールに至る幹線として、多くの外国人旅行者に利用されている。

一方、ハートヤイから東南へ向かう路線は、国境まで格別の観光資源が沿線にあるわけではない。列車はマレーシア国境のギリギリ手前まで走り、国境のスンガイ・コーロク駅に滑り込む。この先、線路は小さな川を渡ってマレーシア側へと続いているが、定期旅客列車の運行は久しく行われておらず、駅

スンガイ・コーロク駅構内からマレーシア方面を遠望する

を離れると線路が草むらに包まれる。両国を行き交う旅人は、線路に沿った舗装道路を歩いて徒歩で国境を越え、往路や復路にこのスンガイ・コーロク駅を利用している。

スンガイ・コーロクの「スンガイ」とは、マレー語で「川」を意味する。タイ領なのにマレー語が地名の由来になっているところが、マレーシアと国境を接する町らしい。市中の商店などでは、マレーシアの通貨リンギットが、タイの通貨バーツへの両替なしにそのまま通用する。

ここに北方から線路が延びてきて駅が開業し、バンコクとこの地が鉄道で結ばれたのは、まだ国名が「シャム」だった１９２１年のこと。最初からマレー鉄道との直結が計画されていたわけではなく、マレーシア側では東海岸沿いに路線が北上してきたことから、結果として国境を越えてレールが繋がったに過ぎない。スンガイ・コーロクは正真正銘のタイ側終着駅だが、マレーシア側では終着駅でなく途中の小駅で本線に合流しているのは、マレーシア側にタイとの直結構想がなかったことの表れと言えるだろう。

国境に近いとはいえ国際列車の運行があるわけではないので、駅そのものには昔から国境独特の緊張は感じられず、のんびりしたタイの田舎の玄関駅の風情が色濃かった。近年になって駅の出入り時に迷彩服姿の兵士が荷物検査をするようになったり、駅周辺でも警察官や兵士の姿が多く見られるようになったのは、国境だからというわけではなく、タイ南部でイスラム過激派による爆弾テロ事件などが多発していることによる。

このタイ南部の治安悪化の影響で、2008年頃からは貨物列車の国境越えが中断されている。今やスンガイ・コーロク駅は、南側の線路が全く使用されない本当の終着駅同然になってしまっているのだ。2021年に開業100周年を迎えたが、この駅が近いうちに国際列車の発着駅としての機能を果たす見込みは、今のところ全くない。

（5）ミャンマー

①ゴッテイ駅
……100歳を超える名物鉄道橋の最寄り駅

「世界で2番目に高い鉄道橋」といわれる橋梁が、ミャンマー中部のローカル線にある。その名はゴッテイ橋（Gokteik Viaduct）。全長689メートル、1900年代初頭のイギリス統治時代に建設され、鋼材を組んだ橋脚が並ぶトレッスル橋と呼ばれる方式は、平成22（2010）年まで山陰本線で現役鉄橋として使用されていた旧・余部《あまるべ》橋梁（現在はコンクリート橋に架け替え）と同じである。このゴッテイ橋のたもとにあるゴッテイ駅は、さしずめ余部橋梁における餘部《あまるべ》駅のような位置付けだろうか。餘部駅の近くにも余部鉄橋を望む展望台があるが、ゴッテイ駅から階段を上ってすぐ上にある丘からも、渓谷に架かるゴッテイ橋の全容が見渡せる。

もっとも、日本海に面して鋼材の橋脚が並んでそびえ立っていた往年の旧・余部鉄橋の雄姿を知る人は、「世界第2位の高さの鉄道橋」と聞くと、「あれ?」と思うかもしれない。というのは、明治45（1912）年の開通以来、旧・余部橋梁は「東洋一のトレッスル橋」と長くうたわれていたからだ。同じ東洋にあるゴッテイ橋が世界第2位なら、余部橋梁は東洋一どころか世界一になるはずである。

かつて拙著『アジアの鉄道の謎と不思議』で指摘したので詳細は省くが、そもそも鉄道橋の高さは、

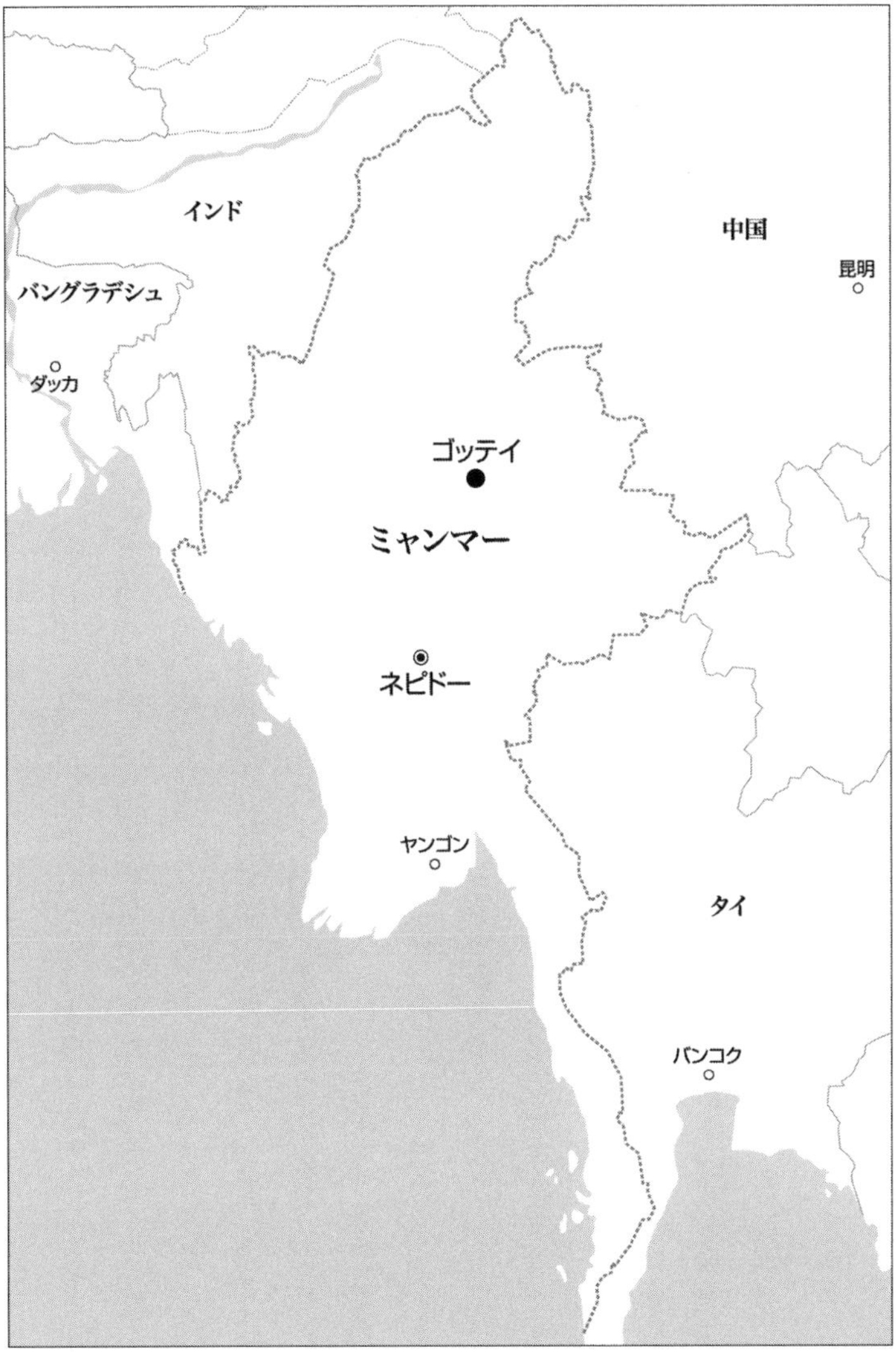
インド
中国
昆明
バングラデシュ
ダッカ
ゴッテイ
ミャンマー
ネピドー
ヤンゴン
タイ
バンコク

ゴッテイ鉄橋前は国内外の観光客の姿が絶えない

橋上の線路面からどの位置までの高さの数値を用いるかによって変動するため、正確な比較が難しい。個人的には、川が流れていれば川面からの高さを測るのが一般的な感覚に近いと思うのだが、地表の位置から測る場合や、橋脚の高さをもって橋の高さとするケースもある。ゴッテイ橋が世界第2位だという根拠も、実ははっきりしない。じゃあ第1位はどこなのか、と聞かれても明確な答えがないのだ。

ちなみに、日本語版が平成10（1998）年に発刊された『鉄道ギネスブック』によれば、ゴッテイ橋は水面からだいぶ高い位置にある地表に設置された橋脚の高さが97・5メートルであるとして、世界ランキングは22位となっている。旧・余部橋梁は河床から線路面までの高さが41・45メートルだったから、ゴッテイ橋が旧・余部橋梁より高いのは間違いないが、ランキングとなると同じ条件で比較しない限り意味がない。

とはいえ、現地でも旅行ガイドブックでも「世界第2位の鉄道橋」の肩書は、ほとんど確定した事実のごとく通用している。ゴッテイ駅に発着する列車は1日1往復だけだが、市街地から未舗装の農道を辿って自動車で訪れるミャンマー人たちが、丘の上から悠然と橋を渡る列車を眺め、ゴッテイ駅から線路上を橋のたもとまで歩いていって写真撮影に興じている。鉄道橋は軍事施設で撮影禁止が建前だそうだが、橋のそばの兵士は撮影大会を黙って眺めているだけで、何も言わない。国軍が強い影響力を持つ国とはいえ、この老橋が、すでに山奥の貴重な観光資源としての地位を確立しているからだろう。

（6）マレーシア

①ボーフォート駅
……並行道路がない森林鉄道の要衝

世界で2番目に大きな島・ボルネオ島。その大半が深いジャングルに覆われ、絶滅の危機に瀕しているオランウータンが生息するこの大自然溢れる巨大な島の中に、鉄道はわずか1路線、134キロしか走っていない。イギリス統治時代に「北ボルネオ鉄道」として建設された森林鉄道で、現在は「サバ州立鉄道」と名乗っている。

サバ州立鉄道は1896年、イギリスの北ボルネオ会社によって開設された軌間1メートル、いわゆるメーターゲージの軽便鉄道である。その後、徐々に路線は延長されていったが、第2次世界大戦後は逆に運行区間が少しずつ縮小し、1974年以降は現在のタンジュン・アル－テノム間のみが営業運行を続けている。

この現存区間の中で最も長い歴史を誇る駅が、1896年の第1期開業区間の起点であったボーフォートである。南西方面へ30キロあまり離れたウェ

ストンまで延びていたその第1期区間は1963年に廃線となったのだが、起点だったボーフォートだけは、その後に誕生していた別区間の途中駅として生き残った。ローマ字では「Beaufort」と表記するため、「ビューフォート」という英語風の発音も広く通用している。

現状の路線は一本の直通路線のような形になっているが、コタ・キナバルの郊外に位置するタンジュン・アルからボーフォートを経てウェストンまで続いていた経緯から、ボーフォートを境にタンジュン・アル側を本線と称し、テノム側にはジョージ線という支線名がある。時刻表上は直通するように記載されている旅客列車も、実際にはこの駅で乗り換えなければならないことが多いなど、運行体系上もボーフォートが境界となっている。

往年の隆盛を偲ばせるボーフォート駅の広い構内

このうち、この古びた軽便鉄道を今も存続せしめている主な理由はジョージ線の環境にある。パダス川という急流に沿って走るこの区間には並行道路がないため、今も鉄道が唯一の交通手段となっているのである。テノムからやって来た旅客列車がボーフォートに着くと、コタ・キナバル方面へ向かう旅客の多くが接続列車ではなく乗合タクシーなどに乗り換える光景が見られる。

そうした旅客の中で地元客に混じって目立つのが、ゴムボートで川下りをするスポーツ・ラフティングの愛好家たちだ。ジョージ線に沿って流れるパダス川はラフティングの名所。世界中から集まってくるプレーヤーたちは、ゴムボートやオール、救命胴衣など用具一式を小さな車両に積んでボーフォートからテノム方面へ向かい、途中駅で降りてパダス川を下って戻ってくる。テノム行きの列車の車窓からは、急流を下るゴムボートの姿を何度も目にすることができる。ボーフォートの駅頭には、資材運搬と沿線住民輸送で賑わう古き森林鉄道の面影と現代ウォータースポーツの活況が混然とした、風変わりな雰囲気が漂っている。

②グア・ムサン駅
……ドリアンの臭気漂う岩山の麓

南北に長細いマレー半島には、東西の海岸線沿いにマレー鉄道が敷かれている。このうち、列車の運行本数や利用者数が多く、車両や施設の近代化が先に図られるのは首都クアラルンプールを通る西海岸線で、東海岸線は列車本数も少なく、古びた客車を連ねた列車が多い。その代わり、東海岸線は緑豊かな大自然の景観を楽しめる区間が多く、鬱蒼としたジャングルの中をのんびり走るのどかな雰囲気を漂わせている。この東西両路線の関係、日本で言えば山陽と山陰の両本線の関係に似ている。

その〝マレー半島の山陰本線〟、東海岸線のほぼ中間地点に位置する主要駅がグア・ムサンだ。「グア」（gua）とは洞穴、洞窟のこと。その名の通り、町の周囲の岩山に洞窟があるという。駅の裏手にも切り立った断崖がそびえ立っている。１９３１年、英国統治時代に開業したこの崖の下の小さなターミナルは、当駅発着の列車も設定されるなど東海岸線最大の交通の要衝として機能している。

東海岸線は、その名に反してほとんどの区間は海岸から離れたジャングル地帯を走っていて、〝ジャングルトレイン〟などと形容される。路線は港町から遠く離れているため、密林の中に点在する町や中規模都市を除くと、まとまった大きさの集落はほとんどない。鈍行列車がこまめに停まっていく「駅」は、どれも利用客の姿が少ない名も無き停留場ばかりだ。それでも、グア・ムサンの場合、100キロ以上北へ離れたクアラ・クライ駅までの間は路線に並行する自動車道路がなく、このジャングルトレインが唯一の公共の交通手段となっているため、沿線の小集落に住む人々がグア・ムサンの町へ出るときは、必ずこの列車を利用することになる。

到着した列車の背後に断崖絶壁がそびえる（グア・ムサン駅）

旅客列車がグア・ムサンに到着すると、大勢の旅客とともに、併結されている貨車から大量の荷物が積み下ろされる。このとき、ドリアンが山のようにホームを埋め尽くす場面に出くわしたら、貨車に近づくのは要注意だ。強烈なドリアンの臭気が露天のホームを覆い尽くすことがあるからである。

ドリアンはマレー半島原産の果物で、「果物の王様」と称されるほど甘い果実の美味しさで根強い人気を誇るが、一方で凄まじい臭気を放つため、公共の場へ持ち込むことが禁止されていることも少なくない。シンガポールの地下鉄では、「ドリアンの車内持ち込み禁止」という決まりがあるほどだ。

そのドリアンが積み上げられた駅のホームは、まるで果物市場の一角の様相。マレー鉄道ならではの光景で、確かに一見の価値はある。グア・ムサン駅では反対列車との行き違いが行われることも多く、ほとんどの列車がまとまった時間停車し続けるので、乗降しなくても停車中にホームに降り立って貨車の近くへ行けば、積み下ろしの様子を見ることができる。時として単調になりがちなジャングルトレインの長い旅路に、このマレーの郷土色溢れる光景と独特の臭気が大きな刺激を与えてくれることだろう。

③クアラルンプール駅
……イスラム寺院風の看板駅舎

長い歴史を持つ都市の代表駅が、現代もなおその街の筆頭駅としての機能を有しているとは限らない。東京駅のように、伝統的な駅舎を擁する中央駅が長距離優等列車も都市部の通勤電車も全て抱え込んでいる例は、世界的に見るとそれほど多くはない。なぜなら、鉄道が発達すれば列車本数も多くなって、やがて既存の駅では対応しきれなくなる。その場合、既存の駅を少しずつ拡張するよりも、離れた場所に大規模な新駅を造って、華やかな長距離特急などはその新駅へ移っていく傾向が強いからだ。

マレーシアの首都の玄関、クアラルンプール駅もそんな往年の玄関駅の一つである。英国の植民地だった１８８６年に開業した後、１９１０年に現在の駅舎が完成した。ドーム屋根や尖塔を備えた白亜のイスラム寺院風建築で、100年の歴史を有する優雅なスタイルはクアラルンプール市内の観光名所ともなっている。駅舎の真向かいに建つ似たようなムーア様式の建物はマレー鉄道公社の本社ビルとして今も使用されており、駅舎を中心とした辺り一帯にコロニアルな雰囲気が醸し出されている。本社ビルも駅舎も、ともにマレーシア国の歴史記念物に指定され、建物全体が文化財として保護の対象となっている。駅舎内にはマレー鉄道の博物館が無料で開設されている。さらに、駅舎開設時にオープンしたステーションホテルが今も営業を続けている点は、東京駅とよく似ている。

ただし、クアラルンプール市の中央駅としての地位を他に譲ってしまっているところが、東京駅とは大きく異なる。2001年にクアラルンプール・セントラル駅が新たに開業すると、マレー半島の南北からやって来た急行列車などは、伝統あるクアラルンプール駅から新駅に移ってしまい、長距離旅客の大半はこの伝統あるイスラム寺院風駅舎から姿を消してしまった。中央駅であるにもかかわらず、停車ホームが4番線までしかないことも、第2中央駅建設の大きな要因だったのだろう。

もっとも、マレー半島を南北に貫くアジア版のオリエント急行、「イースタン&オリエンタル・エクスプレス（E&O）」

「イースタン&オリエンタル・エクスプレス」が停車するクアラルンプール中央駅

は、新駅へは移らなかった。伝統ある重厚な駅舎こそ、豪華急行の出迎えにふさわしいと考えたのかもしれない。優等列車の発着が少なくなって余裕ができたせいもあるのか、月に数回だけ姿を現すE&Oはこの駅で長時間停車する。乗客が駅舎内の鉄道博物館に立ち寄ったり、駅前の道路を渡って白亜の駅舎を仰ぎ見ることもできる。伝統はないが欧州由来の豪華急行には、英国統治時代を偲ばせるこの看板駅舎こそがよく似合う。

④バターワース駅
……ペナン島への連絡船接続駅

マレー半島を南北に縦断するマレー鉄道は、世界地図や地球儀などでは路線が一筋に続いているように描かれているが、実は途中でスイッチバックをして進行方向が入れ替わる駅がある。首都クアラルンプールの北西約350キロに位置する港町のバターワース駅だ。

1967年に現在地からやや離れた場所で開業した旧バターワース駅は、南のクアラルンプール方面からやって来る線路と、北のタイ国境方面からやって来る線路が合流した地点に設けられていて、タイからの国際列車も発着していた。ただ、その駅前にはかつてマレー鉄道で活躍した蒸気機関車が静態保存されているだけで、駅周辺に終着駅を思わせる市街地の活況はなかった。

マレー鉄道の中間地点のような位置付けではあるが、行止り式になっている駅の構造上、この駅を挟んで直通運転をするのはマレー半島を縦断してバンコクまで直通する豪華列車「イースタン&オリエンタル・エクスプレス」（E&O）くらいしかない。E&Oは編成の最後尾に連結している展望車の向きも変える必要があるので、到着後は乗客を全員下車させて編成丸ごと駅に隣接する車両基地へ移動し、全ての客車の向きを変えるという大掛かりな作業をやっている。その間、乗客は近くの港から連絡船で海を渡って対岸のペナン島を観光している。観光専用列車だからこそできる長時間停車といえよう。

行止り式だった旧バターワース駅（2010年撮影）。
すべての列車はここでスイッチバックしていた

ペナン島の玄関口であるジョージタウンの街は、イギリス統治時代のコロニアルな街並みの歴史的価値が評価され、２００８年にマレーシア初の世界文化遺産に指定されている。ペナン島は首都に次ぐ国内第2の規模を誇る大都市であり、世界遺産の指定効果も手伝ってか、観光リゾート地としてはクアラルンプールをも凌ぐほどの人気を国内外から集めている。バターワース駅に列車で到着した観光客のほとんどは、駅周辺には滞在せず、すぐに連絡フェリーに乗り継いでこのジョージタウンを目指す。この駅は事実上、ペナン島への中継駅なのである。

そんな港の連絡船接続駅が生まれ変わることになったのは２０１１年。駅周辺の再開発に伴い、まず、44年の歴史を持つ旧駅が閉鎖されて移転した。そして２０１８年、ペナン・セントラルという、鉄道だけでなくバスやフェリーも含めた総合交通ハブ施設が開業し、バターワース駅はこの新施設の一部として新たな歴史を刻み始めた。2019年には、クアラルンプールとの間を直結する高速特急も登場している。タイからの国際列車が立ち寄らなくなり、もっぱらペナン島への玄関口としての機能に特化するようになったバターワース駅は、総合交通ターミナルとしての利便性は著しく向上したが、どことなく雑然とした国境駅の面影は感じられなくなっている。

⑤グマス駅
……マレー半島の荒野に佇むジャンクション

主要路線と主要路線が出会い、あるいは分岐するジャンクションと呼ばれる駅は、たいていの場合、人口が多い都市部に設けられる。鉄道の拠点駅ができたから人や物が集まりやすくなった場合もあれば、もともと物資の集散地や商業都市などとして賑わっていた場所に駅を造った場合もある。どちらが先かはケース・バイ・ケースだが、いずれにせよ、鉄道ジャンクションは多くの場合、駅の構内にも周囲にも、活発な人の動きを感じる空間を形成している。

タイ南部からマレーシアを経てシンガポールと接するマレー半島には、西海岸と東海岸に沿って2つの路線が走っている。主要幹線は西海岸線で、シンガポールやタイとの間を往来する国際旅客や貨物列車はこちらを通る。東海岸線は、マレーシア北部でタイと線路は繋がっているものの、走っているのはローカル列車ばかりで国際縦貫鉄道としては機能していない。

この2つの路線を分岐するのが、マレー半島中部にあるグマスというジャンクションである。1906年に開業してからすでに100年以上が経過しているのに、駅周辺は小さな田舎町で、貨物車両が並ぶ側線を挟んだ駅の裏手は緑に覆われている。その緑の繁みの向こうには集合住宅らしき建物が並んでいるのだが、ホーム上からは見えないので、ずっと先にある山の稜線と手前の緑ばかりが目に入って、まるで荒野の中にポツンと置かれた操車場にいるような錯覚に陥る。

グマス駅ホーム上に静態保存されているマレー鉄道の蒸気機関車

駅舎に併設されている食堂は夕暮れ時になると近所の男たちの会食で賑わうが、ターミナル駅の乗換え客が慌ただしく食事を済ませて乗換え列車に走るような光景は見られない。残り物にありつけると知って店内のテーブル席の足元を狙う野良猫たちが、店の主人との追いかけっこを繰り返している様子は、のどかささえ感じさせる。マレー半島を縦断する2大路線の分岐駅だから、さぞかし賑々しい交通の要衝だろうと思っていたら面食らうことになる。

列車運行上の拠点となる駅だから旅客列車は全列車が停車するが、乗降客の姿は少ない。東海岸線の始発駅と言っても、一部の列車はシンガポール方面やクアラルンプール方面へ直通するので、あえてこの駅で乗り換えなければならない列車をわざわざ利用する旅客は少ないのだろう。

閑散としている駅舎側のホームの片隅に、かつてマレー鉄道で活躍した蒸気機関車が1両、静態保存されている。保存と言っても屋根覆いなどないし、駅舎から離れているのでわざわざ眺めに来る人もない。保存というより野晒しと言った方がよい風情である。

⑥テノム駅
……観光化後も変わらぬボルネオの鉄道最奥地

ボルネオ島を走る唯一の鉄道・サバ州立鉄道は、2007年から起点のタンジュン・アルから路線中間の拠点であるボーフォートまでの85キロで、路線の改修工事のため、全列車を運休した。予定では運休は1年間だったそうだが、実際には3年半もかかった。日本なら全線（134キロ）の半分以上の区間でそんなに長期間運休したらそのまま旅客の流れが並行道路のバスに移って元に戻らなくなりそうだが、サバ州立鉄道は2011年になって同区間での旅客列車運行を再開。中国製の新型車両を投入して大幅なスピードアップを実現するとともに、運休前にイギリス統治時代の旧称「北ボルネオ鉄道」の名で走っていた観光客向けの蒸気機関車（SL）牽引列車も復活させた。

全区間ではなくこのボーフォート以北の区間のみを大幅にグレードアップさせたのは、この区間と並行する自動車交通との競争力を高めるためだった。逆に言えば、非運休区間はその必要性が低く、のんびりのどかな軽便鉄道の雰囲気をそのまま今も残存させていることになる。いや、新区間との対照ぶりがより際立つようになった分、以前よりもさらにその雰囲気が強くなっていると言えるかもしれない。

その非運休区間の終点がテノムという、内陸部の小さな町にある。ボーフォート—テノム間は並行する道路がないため、唯一の公共交通機関である鉄道を運休させることはできなかったという事情もあるのだろうが、古びた小さな客車に揺られて辿り着く奥地の終着駅は、著名な観光地の最寄り駅でもないため、観光客の姿はタンジュン・アルを玄関口とするコタ・キナバルなどに比べるとずっと少ない。コタ・キナバルへはボーフォートを通らない短絡ルートを通る道路経由の直通バスが走っているため、途中で乗り換えなければならない列車を利用してタンジュン・アルまで直通しようとする旅客は珍しい。この点は、ボーフォートより先がスピードアップした今も変わらないようだ。

貨客混合列車が出発を待つテノム駅構内

テノムに発着する旅客列車は通常、機関車が客車を引っ張るスタイル。電車やディーゼルカーが普及した最近の日本ではほとんどお目にかかれなくなった〝汽車〟の姿で、出発前には機関車が列車の前へ後ろへとちょこちょこ走り回る。

規格が小さな軽便鉄道なので、機関車も小さく、ホームに立っていても運転席の目線はさほど高く感じない。機関車の運転席に座る運転士の窓越しに、車両の入替え作業中に声をかけたら、雑談に興じながら機関車を動かし続けていた。運転中の鉄道員とお喋りなどしたら、どこから批判の声が上がるかわからない現代の日本では考えられないが、旅客と鉄道員のこの近さは、新鮮にさえ感じる。外国人観光客が多いタンジュン・アルより、私のような物好きの旅行者しか訪れないテノムの方が、そんなローカルムードを味わいやすいと思われる。

（7）シンガポール

①シンガポール駅
……乗車客はマレーシアと二重入国していた

個人レベルの長年の近所付合いと異なり、国家レベルでは、隣接する国同士の仲が長年にわたりあまりよろしくない、あるいは相互にライバル視してやたらに張り合う例が世界にはたくさんある。イギリスとフランス、インドとパキスタン、ベトナムとカンボジア、イランとイラク、中国とロシア……。日本だって、韓国・中国・北朝鮮といった隣国たちとの間でしょっちゅう摩擦が絶えず、お世辞にも仲良しこよしとは言い難い。

マレーシアとシンガポールの関係もその一例だ。シンガポールは1965年にマレーシアから分離・独立した都市国家であり、袂を分かったマレーシアとは何かと利害が対立する。マラッカ海峡に浮かぶ小島の領有権を巡っては、2008年春に国際司法裁判所の判決が出るまで30年近く両国間で揉め続けた。もともとは1つの国であり、さらに遡れば同じイギリスの植民地内だったため、シンガポールの分離・独立によって初めて2つの国家主権が衝突し得る構造が生じたわけである。

そんな主権の対立構造が、シンガポールの鉄道駅にも現出していた。南北に細長いマレー半島の南端から、マレー鉄道はジョホール海峡を橋で渡ってシンガポール領内まで続いている。だが、このシンガ

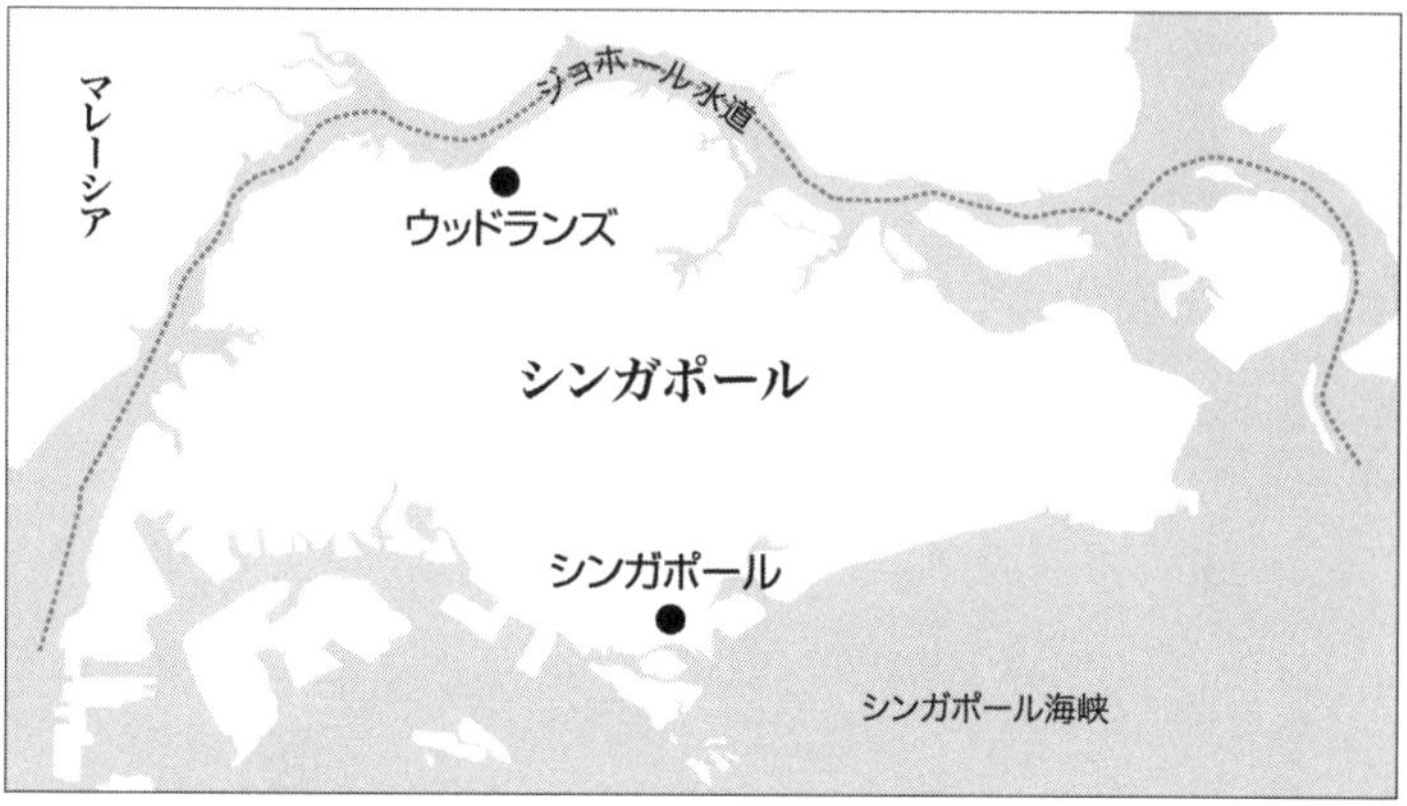

ポール領内のマレー鉄道施設は、シンガポール独立から40年以上経過した21世紀初頭になっても、保有者はマレーシアの政府関連会社のままだった。終点のシンガポール駅（タンジュン・パガー駅）には、シンガポール領内にもかかわらず駅舎の正面入口に「WELCOME TO MALAYSIA」という巨大な看板が掲げられていた。

それどころか、このシンガポール駅からマレー鉄道に乗る旅客は、ホームの入口でマレーシアの入国手続きを受けなければならなかった。最近は日本と韓国の間でも、相互に相手国の空港へ自国の入国審査官を派遣して事前入国審査を実施しているが、それはあくまでも相手国の出国審査を済ませていることが大前提だから、事前審査のカウンターは相手国の空港の出国審査場の後ろにある。

ところがこのシンガポール駅の場合、シンガポール共和国の出国手続きを経ずにいきなりマレーシアへ入国してしまうのだ。シンガポール駅のホームでマレー鉄道の発車を待つ旅客たちは、全員、シンガポールとマレーシアの両国に同時に滞在している状態に置かれていることになる。

二重入国状態の乗客たちを乗せた列車はシンガポール駅を出ると、ゆっくり走って30分ほどでウッドランズという出入国審査専用駅に到着する。全ての乗客はこの駅舎の中の出国審査場で、ようやくシンガポールを出国するのである。マレーシアから列車で入国する場合は、マレー半島最南端のジョホール・バルで出国審査が行われるから、このような前代未聞の出入国順序逆転現象は生じない。

シンガポール駅ホームにあるマレーシア入国審査場

かつては、シンガポールの出入国審査場もシンガポール駅にあった。シンガポール側はこれを両国の国境付近へ移設することを希望。マレーシアも審査場の移設自体には同意した。ところがその移設時期の解釈について両国間で齟齬が生じ、ついに1998年、シンガポール側だけがシンガポール駅の出入国審査場をウッドランズに移してしまったのである。

その影響は、シンガポール駅からマレー鉄道に乗る旅客にも及んだ。シンガポール駅でのマレーシア入国審査では、シンガポールを出国していない関係上、旅客のパスポートにマレーシア入国スタンプが捺されなかったのだ。このため、ウッドランズ審査場の使用開始直後は、事情が周知されていないマレーシア国内や出国時の空港などで密入国者と疑われた旅行者もいたという。

［※シンガポール駅は2011年7月、シンガポール国内のマレー鉄道施

設をシンガポール政府に移管するマレーシアとの合意に基づき廃線となったことに伴い廃止された。」

②ウッドランズ駅
……シンガポール〝最後〟の終着駅

１８４ページ以下で隣国マレーシアとの出入国審査手順の錯綜ぶりを取り上げたシンガポール駅は、２０１１年7月1日に廃止された。シンガポール駅にあったマレーシアの出入国管理施設は同駅より24・5キロマレーシア寄りのウッドランズ・トレイン・チェックポイントに移転し、「旅客がシンガポールとマレーシアの両国に二重入国している状態」の発生は解消された。そして、そのウッドランズ駅が、マレー半島を縦断するマレー鉄道のシンガポール国内における新たな終着駅となった。

ウッドランズ駅が開設されたのは１９９８年。シンガポール駅構内にあったシンガポール出入国審査場の移転先として開設された。駅と言っても、「チェックポイント」の名の通りもっぱら出入国審査をするための場所であったから、旅客はこの駅で乗降することは基本的にできなかった。片面ホームが1面ある中間駅の装いはあったが、そもそも正常な駅と呼べる機能を有しておらず、マレーシアとシンガポールの国境問題を象徴する存在ですらあった。

そうして10年以上も続いた旅客の二重入国状態がついに解消されるに至り、この出入国審査専用停車場がシンガポール国内の新たな終着駅の座に就くこととなった。シンガポール―ウッドランズ間にはブキッ・ティマという古くから存在する駅があり、そちらには昔ながらの低床ホームや複数の列車が停車できる線路も残っていたのだが、活用されることなくシンガポール駅と同時に廃止された。同駅付近はシンガポール駅やその区間の鉄道用地とともに再開発予定区域に含まれていたことや、そもそも出入国審査場を新たに設けるほどのスペースの余裕もなかったことが原因ではないかと考えられる。

紆余曲折を経てようやくシンガポールの真の玄関駅の地位を得たウッドランズ駅だが、市中にあったシンガポール駅に比べて気軽に利用しにくくなったことは否めない。地下鉄（ＭＲＴ）の最寄り駅から遠いため、アクセスのための公共交通機関は渋滞の危険が大きいバスのみ。かつてはマレーシア側の国境都市ジョホール・バルからシンガポール市中への国際通勤路線として利用されたこともあったようだが、ウッドランズ駅を経由して通勤するビジネスマンはさすがにいないだろう。シンガポール市民にとって、マレー鉄道の存在は相当に遠いものとなってしまった。

それに、ウッドランズがシンガポールの玄関駅として機能する日もそう長くは続かない見込みである。もともと国内にあるマレー鉄道の用地を取り戻したかったシンガポール政府は、いずれＭＲＴの路線をジョホール・バルまで開業させ、その代わりにウッドランズ―ジョホール・バル間の路線も廃止することでマレーシア政府と合意している。ウッドランズ

当初は出入国審査のためだけに設けられたウッドランズ・チェックポイント駅ホーム

駅はそのときまでの期間限定の終着駅なのだ。そして、ウッドランズ駅が廃止されると同時に、１００年以上続いたシンガポール国内における一般鉄道の歴史そのものに幕が下ろされることになっている。

（8）インドネシア

①ジャカルタ・コタ駅 ……日本の通勤電車が終日発着

1997年に発生したアジア通貨危機がインドネシアに波及したとき、限られた予算の中でジャカルタ首都圏の鉄道近代化を進めるために採られた方策が、日本から中古の電車を無償で譲り受けるというやり方だった。ジャカルタ首都特別州と姉妹友好都市関係にある東京都から、都営地下鉄三田線6000系が譲渡され、2000年に72両が海を渡ってやって来たのだ。その後、2004年からはJR東日本京葉線の103系、東急電鉄8000系・8500系、東京メトロ東西線5000系・05系、同有楽町線7000系、東葉高速鉄道1000系など、日本の鉄道会社からさまざまな車両が毎年のようにジャカルタへ移送されている。日本の中古電車は状態が良く、しかもインドネシアの鉄道は日本のJRや多くの私鉄と同じ1067ミリの狭軌なので台車交換の必要がないなどの好条件が重なっているのが要因である。

その結果、ジャカルタを走る近郊電車は、今やほとんどが日本の中古車両で

「渋谷」行きの方向幕を掲げる元・東急電車
(ジャカルタ・コタ駅)

占められている。ジャカルタの主要列車発着ターミナルの一つ、ジャカルタ・コタ駅はオランダ統治時代に建設された行止り式の欧風終着駅だが、現在は近郊電車の発着が中心になっており、広々とした6面11線のホームに日本の中古電車が次々と姿を現す様子は摩訶不思議だ。

しかも、車両の行先表示や車内表示は日本時代のままなので、「渋谷」「快速 東葉勝田台」などの漢字方向幕を表示したまま入線する。そんな列車から、スカーフを纏ったイスラム女性など地元ジャカルタ市民がどっと下車して、欧風のドーム型屋根に覆われたメインホールに人が溢れるのだから、駅構内の雰囲気はまさに国籍不明というほかない。最近は日本の中古車両が外国に譲渡されて第2の人生を送るケースが増えてきたが、ここまで多様な会社の車両が現地の車両を駆逐して主流派となっている国や都市は珍しい。

ジャカルタ・コタの「コタ」とは、インドネシア語でもともと「町」とか「市」を意味する。現在も中国系住民がチャイナタウンを形成するこの駅付近は、かつては確かにジャカルタの中心だった。駅周辺には駅前広場と呼べるスペースがなく主要道路に取り囲まれていて、客待ちのバイクタクシーや小さな露天商が所狭しとひしめいていつも混雑している。長距離列車の発着が少ないので観光客が実際に利用する機会は少ないが、日本生れの中古車両が日本語の行先表示を掲げて踵を接して発着する光景そのものが、日本人にとっては一見の価値ある興味深いシーンだ。

中には、日本で通勤・通学時に日々利用していた車両と再会する人もいるだろう。実は私もその1人である。かつて千葉県から東京メトロ東西線で都心部へ通勤していた経験があるので、「中野」行きの方向幕を掲げた元・東葉高速鉄道1000系車両が入線して来たときは、単なる日本製車両との遭遇とは異なる感慨を覚えた。間違いなく、自分は数年前まで日本でこの車両に何度も乗ったはず。だが、激しい通勤ラッシュに耐えながら乗っていた当時は、こんなに嬉しい気持ちでこの車両に乗ったことはなかったと思う。

②プランバナン駅
……観光客が来ない世界遺産駅

世界遺産が駅の間近にあるとなれば、観光客にその駅を利用させようと鉄道会社が誘致策を講じるのは世界共通の原則。列車の本数を増やし、特急列車を停車させ、駅から観光地までの案内標識を整備し、外国人観光客に対応するため英語を話せる駅員を配置する……。鉄道会社だけでなく駅の所在する地元自治体や近隣住民も、地元に金を落としてくれる観光客が来るとなれば、こうした施策に積極的に協力する。こうして、「世界遺産への最寄り駅」を看板文句にする鉄道駅は今や世界中に存在する。

やってくるのは3等客車を連ねたローカル列車ばかり
（プランバナン駅）

ところが、国を代表する古代遺跡としてすでに内外の観光客の姿が一年中絶えない世界遺産が徒歩圏内にあり、駅名も遺跡と同名なのに、観光客の利用がほとんど想定されていない鉄道駅がインドネシアのジャワ島にある。ヒンドゥー教と仏教の両宗教文化が融合する巨大な寺院群、プランバナン遺跡の最寄り駅・プランバナン駅だ。

プランバナン駅は中部ジャワの古都の玄関であるジョグジャカルタ駅から2つ目と近く、急行列車は停車しない。小さな平屋の駅舎に、数少ない普通列車の発着時前後だけ地元客が集まってくるローカル駅である。駅前広場から正面突き当りの通りを左方向へ歩いていけばプランバナン遺跡はすぐだが、そうやって駅との間を歩いている観光客の姿はほとんど見られない。小さな駅舎の中に掲げられている旅客向け掲示板にも、観光客向けの案内表示は何も出ていない。旅行案内書に掲載されている地図にも、プランバナン遺跡のすぐ近くに鉄道駅の表示があるのに、その駅を利用するアクセス手段について記述されている日本語の案内書を私は読んだことがない。

かように観光客の鉄道利用がマイナーな原因は、遺跡の立地に関する2つの要素に基づいていると考えられる。1つは、旅行者はほとんどジョグジャカルタの中心部に宿泊しているので、遠方からの旅行者がプランバナン駅で下車する必要性が少ないこと、もう1つは、世界最大級の仏教遺跡としてやはり世界遺産に登録されているボロブドゥール遺跡とも距離を接しているため、プランバナン遺跡を訪れる旅行者はボロブドゥールと組み合わせてジョグジャカルタを拠点に観光するのが一般的なパターンとなっていることだ。旅行の拠点がジョグジャカルタであれば、わずか2駅間の利用客を増やすためにプランバナン駅に特急を停めたり列車本数を増やしたり、語学に堪能な駅員を意図的に配置する必要もないというわけである。

おかげで、1日数本の列車発着時は、観光客とは無縁な地元住民たちで狭いホームや待合室が溢れる。観光資源豊かなこの地にあって、観光旅行者とは無縁な地元の人々の日常生活の一コマに触れることのできる貴重な場所と言えるだろう。

③ジョグジャカルタ駅
……敷地の真ん中に瀟洒な駅舎

インドネシアの鉄道はオランダ統治時代の19世紀にその歴史が始まった。欧米列強の植民地となった国々では、宗主国が建設した鉄道は本国への資源輸送などを第一義としていたため、国内で計画的・統一的な鉄道網が形成されていないケースが多い。ただ、インドネシアの場合、首都ジャカルタのあるジャワ島では全島的な鉄道網が形成されたため、主要都市間を結ぶ長距離旅客輸送サービスが発達し、

オープンスタイルの待合スペースが3番線ホームに隣接（ジョグジャカルタ駅）

我々外国人旅行者が利用する機会も多くなっている。

中でも、外国人観光客にとってとりわけ利用頻度が高い区間は、首都ジャカルタから約520キロ西に位置する伝統ある文化都市ジョグジャカルタまでの路線である。郊外に点在する仏教やヒンドゥー教の古代遺跡や市内に残る伝統様式の王宮など、ジョグジャカルタは長い歴史を感じさせる古都として国内外の観光客が年間を通じて訪れる。その旅行者の足として、ジョグジャカルタへ向かう長距離列車が全国から頻繁に運行されている。

日本で言えば京都のような地域であるのだが、その玄関口であるジョグジャカルタ駅の規模は意外に小さい。首都のジャカルタには多数の列車が同時に発着する中央ターミナルとしての機能を備えた巨大駅が存在するが、ジョグジャカルタ駅は6番線までしかなく、長距離列車と近郊列車が時間調整をしながら同一ホームを共用している。世界各国の主要駅で長距離列車の発着前に漂う旅立ちへの高揚感を、駅構内で感じられる時間は少ない。川の中州のように敷地の真ん中に小さな駅舎が建っているが、遠距離旅客のための広い待合室などなく、ほとんどの旅客は屋根のあるプラットホームに連なるベンチに腰かけながら、目の前のホームに滑り込む列車の到着を待っている。もっとも、ホーム自体はタイル張りで清掃も概ね行き届いており、駅舎からはみ出したかのように食堂やATM機などが並んでいるし、アジア各国の鉄道駅のほぼどこでも見られる食料品の屋台も待機しているから、ターミナル駅としての機能はきちんと備えている。

ジョグジャカルタ駅は1887年に開業したが、植民地鉄道の一般例に洩れず、当初は貨物輸送を目的としていた。旅客営業が開始されたのは1905年になってからのことだ。ジョグジャカルタという地名をインドネシア人は「ジョグジャ」と略して呼ぶことが多いが、このジョグジャカルタ駅はその略称ではなく、「トゥグ駅」という別名で呼ばれている。ジョグジャカルタ市内にはトゥグ駅のほかにもう一つ、トゥグ駅の西側にルンプヤンガンという駅があり、「ジョグジャカルタ駅」ではどちらの駅を指すかすぐにはわからないからである。ただし、駅の歴史はトゥグ駅の方が15年ほど若い。

とはいうものの、開業時に旅客ターミナル駅ではなく小さな貨物駅として古くからの街の中に設計された名残でその後の駅の拡張がうまくいかなかったのか、現在では都市の規模と旅客需要に比べて駅のスペースが手狭なのは明らかである。長旅を終えてホームに立っても、何だか通勤電車の中間駅に着いてしまったような錯覚さえ受ける。ホーム上はこぎれいに整備されているからなおさらそう感じてしまうのだろうか。伝統ある古都の中央駅でもその趣きを兼ね備えにくいというのは、欧米列強の植民地時代に開業したアジアの停車場ならではの特徴と言えるのかもしれない。

第7章 中央アジア

中国とカザフスタンのレール幅（軌間）が異なるため国境で取り外された客車の車輪（ドストゥク駅）

ロシア
ヌルスルタン
カザフスタン
ドストゥク
カスピ海
アルマトゥ第2
シムケント
ウズベキスタン
ビシュケク
ウルムチ
タシケント
キルギス
中国

（1）カザフスタン

①ドストゥク駅 ……台車交換で長時間停車する国境駅

1900年、ソ連邦を構成する中央アジアのカザフ共和国東部で、中国との直通鉄道が完成した。伝統あるシベリア鉄道から遠く離れたシルクロードに沿って、中国から中央アジアを経てヨーロッパまでを結ぶこの鉄道ルートは「チャイナ・ランド・ブリッジ」と命名され、ユーラシア大陸全体の物流に多大な影響を及ぼすものと期待された。ソ連崩壊後の1992年からは、中国のウルムチとカザフスタンの当時の首都アルマトゥ（1997年にアスタナへ遷都）を2泊3日で結ぶ国際旅客列車も運行を開始。「シルクロード特急」などと呼ばれ、中央アジアが徐々に観光客に門戸を広げるにつれて、外国人旅行者の利用も増えていった。

中国側からこの国際列車に乗ると、初日の夜にウルムチを出発した列車は翌朝、中国側国境駅を出て荒野の中で国境を越える。カザフスタンに入ってすぐの停車場で入国審査のため1時間ほどを費やし、その後ノロノロと10分ほど走って最初の駅・ドストゥクに到着する。ソ連崩壊・カザフスタン独立後もしばらくはドルジバという駅名だった。ドルジバとは、ロシア語で「友好」を意味する。

旧ドルジバ駅は1959年、ソ連と中国を結ぶ新たな国際路線とすべくソ連によって建設された中国

国際列車の台車交換（ドストゥク駅）。原則として鉄道員の人力によって1台ずつ外していく

国境までの新線の終着駅として誕生した。当時は中ソ蜜月時代で、中国側も１９６３年に蘭州《ランチョウ》から延びてきたウルムチまでの路線が開業している。「友好」というソ連側国境駅の名称は、当時の両国関係を象徴するいかにも共産主義国らしい命名といえよう。だが、中ソ対立が本格化すると国境区間の建設は滞り、結局、国際列車で旅客が往来できるようになるまで30年近い歳月を要したのである。

その旧ドルジバ、現ドストゥクに中国からの列車が到着すると、乗客は全員ホームに降ろされる。すると、無人の客車を連ねた列車はそのまま前進して駅の外れへ引きこもる。旧ソ連国鉄の線路の幅は中国が採用する国際標準軌間の１４３５ミリよりも広い１５２０ミリとなっているため、全ての客車はここで台車を交換しなければならないのだ。およそ3時間、旅客は小さな駅舎の内外で待機していなければならない。

列車編成の全客車を台車交換する大掛かりな作業は、駅から少し離れた専用の作業場で行われる。線路の両側に林立するジャッキで車体を持ち上げ、分離した全ての標準軌台車を別の引込線まで移動させる。その後、広軌の台車が各車両の足元に運ばれ、持ち上がっていた車体がゆっくりと下降して台車と合体する。こんなことを、国際列車が発着する週４回、常に実施しているのだ。日本では目にすることができない珍しいシーンである。

だがもっと珍しいのは、車両の構造が詳細に見えるこの一連の作業が、屋根もなければ周囲に柵もない青空の下で堂々と披露され、私のような外国人観光客がヒマつぶしに眺めて写真を撮っていても全く何も言われなかったことだろう。国境近辺の鉄道施設は軍事的な理由からどの国でもたいてい警戒が厳しく、カメラなど出そうものならあっという間に捕まって連行されかねないのが通常なのに、ここでは作業員にカメラを向けたら笑顔でポーズをとったくらいだ。いつもそうなのかはわからないが、少なくとも私にとって、〝友好〟的なのは駅名だけではなかった。ドルジバから改名された「ドストゥク」とは、カザフ語でも「友好」という意味である。

②シムケント駅……巨大なイスラム遺跡への観光拠点

中央アジア諸国の鉄道は、長距離列車の筆頭格を今もモスクワへの直通列車としているなど、ソ連時代の名残を強く感じさせる。その一方で、中央アジア諸国相互間の旅客運輸は、ロシアより地理的に近接しているにもかかわらず、意外に手薄であることが多い。それも、ソ連時代よりもむしろ相互乗入れ列車が削減されている感さえある。

その顕著な例の一つが、中央アジア５ヵ国のうちの２大鉄道王国とでもいうべき、カザフスタンとウ

ウズベキスタン国境に近いシムケント駅

ズベキスタンとの相互連絡だ。この2ヵ国、どうもソ連邦から独立してから相互の交通連絡を抑制しつつある。カザフスタンのかつての首都アルマトゥとウズベキスタンの首都タシケントとの間には、かつては直通列車が多数設定されていたが、現在では乗換えが必須になっている。それも、列車の運転系統が二分されたというのではなく、そもそも国境を越える列車を極力なくしてしまっているのである。

両都市間を結ぶ幹線の途上に位置するシムケントは、アルマトゥからの直通列車の旅客で賑わう工業都市の玄関駅。ここからタシケントまでは国境を挟んでわずか120キロほどで、ウズベキスタンへの玄関口でもある。

だが、以前はこの街から頻発していたタシケントへの直通バスが今はない。列車も同じで、街のすぐ南に引かれた国境線の向こうにあるタシケントへの直通列車が現在は設定されていない。このため、シルクロードを鉄道だけで旅しようと思ったら、このシムケントからまずモスクワ方面の列車に乗り、どこか適当な駅でモスクワ方面から来るタシケント行きに乗り換えて……ということをしないといけない。乗換えといっても、この付近の途中駅はせいぜいロシア語しか通じないカザフスタンの田舎の小駅ばかりで、どの反対列車が停車するかも、いつ来るかも事前に調べるのは難しい。一介の日本人旅行者が鉄道でのシルクロード紀行にこだわって旅をする場合、このシムケント―タシケント間の列車移動をどうするかは、ソ連時代よりも遥かに手間がかかるようになっているのである。

ウズベキスタンへの玄関口としての機能を喪失してしまったシムケント駅は、今ではもっぱらアルマトゥとの都市間連絡急行の発着時に賑わいを見せる。シムケント郊外には世界遺産に登録された中央アジア最大級のイスラム遺跡、コジャ・アフメド・ヤサウィ廟があるため、最近はシムケント駅に降り立つ外国人旅行者も決して少なくない。

日本人観光客の利用も増えているのか、駅舎内にある小さなキオスクで販売員をしていたおばちゃんは、こちらが日本人とわかると「ワタシノ、ナマエハー……」などと知っている限りの日本語で話しかけてきた。もちろん、カザフ語かロシア語がわからないと会話はほとんど成立しないのだが、当時、この駅を利用する日本人バックパッカーの間では知る人ぞ知る名物おばちゃんだったのだ。私が彼女に会ったのは2006年の夏だったが、今も元気で日本人旅行者に声をかけているだろうか。

③アルマトゥ第2駅
……風格漂う中央アジアの玄関駅

1991年に旧ソ連から独立した中央アジアのカザフスタン共和国は、1997年に北部のアクモラ（現・アスタナ）へ遷都するまで、キルギスや中国に近い南東部のアルマトゥを首都とした。リンゴ

列車の到着前にホーム上から人が溢れるアルマトゥ第2駅

の木が多い土地であったことから、ソ連時代はロシア語で「リンゴの父」を意味する「アルマ・アタ」と呼ばれていた。独立後の現称であるアルマトゥとは、カザフ語で「リンゴの里」を意味する。

カザフスタンの国鉄本社も、遷都前はアルマトゥを所在地としていた。中央アジアとシベリアを結ぶ「トルキスタン・シベリア鉄道」の中間地点であるアルマトゥには、その中間駅として機能する第1駅の他に、本線から分岐して行止り式となっている第2駅が存在する。このアルマトゥ第2駅が中国との国際列車の起終点となっており、外国人観光客には第1駅よりも馴染みが深い。行止り式の終着駅と言ってもヨーロッパの櫛型ホームのような頭端式にはなっておらず、長距離列車の旅立ちの情緒を盛り上げてくれそうな総合ターミナルの趣きは感じられないが、中国から国際列車に乗ってやって来た旅客にとっては、ここが中央アジアで最初の一歩を踏み出す玄関駅である。

1940年に建てられたロシア風の第2駅舎前は小さな広場になっていて、トロリーバスの発着場になっている。列車の発着時刻が近づくとホーム上が列車を待つ乗客で大混雑となるのはおそらく昔から変わらないのだろうが、出迎え客や見送り客の自家用車が駅舎の正面玄関前に所狭しと駐車して駅舎の全貌を眺めるのが困難になるのは、ソ連時代には見られなかった光景かもしれない。

駅舎の内外を見れば、大理石の天井や柱の細部の至る所に彫刻や装飾が施され、待合室の天井は高くシャンデリアが釣り下がっている。旧ソ連各地で見られるのと同じような豪華絢爛な駅舎の佇まいの中で、大理石の壁に巨大な列車発着案内の電光掲示板も設けられていて、伝統的なロシア様式の重厚感と国内随一の鉄道主要駅としての機能を兼ね備えている。ただし、駅舎内で写真を撮っているところを見つけた駅員がツカツカと近づいてきて、「今撮った写真を消せ」と強い口調で命じられるなど、鉄道が重要な軍事施設として鉄のカーテンの遥か向こうにあったソ連時代の厳しさも未だに同居している。

駅前通りを直進すると、かつて路面電車が走っていた交差点にぶつかる。ソ連時代からの古びた路面電車の姿は、２０１５年までこの通りで見ることができた。現在の都市交通の主役は、２０１１年に中央アジアで2例目の開業を果たした地下鉄である。中央アジアの東の玄関駅というべきアルマトゥ第2駅は、豪華さが特徴だったソ連時代の趣きと現代カザフスタン国鉄を代表する国際ターミナルとしての両側面を併せ持った、多民族国家の陸の玄関らしい雑多な賑わいを感じられる鉄道駅と言えるだろう。

（2）キルギス

①ビシュケク第2駅
……運行ダイヤは今もモスクワ時間

1990年にソ連が崩壊して各地の共和国が独立すると、広大なソ連邦を結んでいた鉄道網もまた、各独立国で発足した国有鉄道の所属に帰することとなった。だが、所属国や組織を異にした後も、各独立国の国鉄でしばらく共有されていた事項がある。それは、「列車の運行にはモスクワ時間を採用する」という原則である。

ユーラシア大陸の東西に広がるソ連邦では、東端のチュコト半島から最西端の飛び地・カリーニングラードまで、国内が11の時間帯に分かれていた（ロシア連邦となった現在も同じ）。その広大な国土を結ぶ鉄道の運行には、各地の生活時間とは別の統一時間を用いるのが便利であるとの判断から、連邦内の鉄道は全てモスクワ時間で運行されていたのである。いくら国が突然分裂しても、統一的な鉄道運営システムまで直ちに分割することはできず、中央アジアやコーカサスの各独立国が自国の時間で鉄道を運行するようになるまでには一定の年月が必要だった。

ところが、それら各国の鉄道が次第に自国時間への運行に切り替わっていき、ソ連崩壊から30年を迎えた今もなお、中央アジアの小国・キルギスでは、自国から遠く離れたモスクワ時間を鉄道の運行時間

として使用し続けている。首都のビシュケクからはモスクワ行きの国際列車が運行されているのだが、この列車は、すでに自国時間での鉄道運行に移行したカザフスタンを通る。このため、モスクワを出るときはモスクワ時間で、途中からカザフスタン時間になり、終着のビシュケク近くになってキルギスに入ったらまたモスクワ時間に戻るというダイヤになっている。キルギス国鉄も将来的にはキルギス時間への移行を計画しているということだが、もはや国境さえ接しなくなった異国の標準時を自国内のローカル列車の運行ダイヤに採用している姿は奇妙である。

キルギスの鉄道はカザフスタン側から延伸し、1924年に首都のビシュケクに達した。それから90年近く経つ現在も、路線はビシュケクを中心とした国土の北部に短く延びているだけで、国内の交通機関としては目立たない。そうした存在感の薄さも、モスクワ時間での運行スタイルが現在まで続けられてきた一因かもしれない。

ビシュケクには2つの駅がある。モスクワ行きなど国際列車のターミナルとなっているのは街の中心部に近い第2駅で、

ビシュケク第2駅。第1駅より規模が大きい

やや離れた場所にある第1駅はキルギス北東部のイシク・クル湖のほとりまでを結ぶローカル列車の発着駅となっている。

ビシュケクはソ連時代、ロシア革命の英雄にちなんでフルンゼと名付けられ、全ソ連邦はもとより、世界中の共産圏からエリート軍人の卵たちが留学するフルンゼ軍事大学の所在都市として知られていた。だが、共産圏の軍都の玄関口だったという重苦しい印象は、小さいながらも明るい色調に塗られた第2駅舎の外観からは窺えない。

もっとも、駅舎内の中央ホールの天井には、鎌とハンマー（農民と労働者を象徴する）を組み合わせたデザインの紋章とソ連時代の「キルギス・ソビエト社会主義共和国」の略号が、今も鮮やかに描かれている。ホームにはレーニン像が健在だ。発着する列車は全て旧ソ連製の重厚な巨大車両ばかりである。

駅舎の入口に旅客列車の発着時刻表が掲げられている。ここに表示されている時刻は、キルギス国内のローカル列車も含めて全てモスクワ時間。この国で、今もモスクワ時間を日常生活の中で意識する人がどのくらいいるのだろうか。列車に乗り慣れない人が、何も知らずに手元の時計を見ながら出発時刻を確認して列車に乗ろうとしても、キルギス時間より2時間も遅いモスクワ時間の発車時刻まで延々と待たされることになるわけだ。乗り遅れるよりはマシかもしれないが……。

②ルイバチェ駅
……ソ連時代の小旅行が体験できる駅

中央アジアの内陸国・キルギスの北東部に、イシク・クルという東西170キロ、南北70キロにも及ぶ巨大な湖が広がっている。3000〜4000メートル級の山々に囲まれた湖面の標高は世界で2番目に高い1606メートル。富士山の2合目辺りに湖面があると言えばイメージできるだろうか。ソ連時代から保養地として開発されていたが、当時は外国人の湖畔への立入りが禁止されていたため、ソ連国民以外にとっては幻の湖であった。今ではキルギス有数の行楽地として、国内外の観光客が集まってくる。

そのイシク・クルへのアクセス方法の一つに、キルギスではマイナーな存在である鉄道が含まれる。湖水浴客が増える夏場を中心に、首都ビシュケクから旅客列車が1日1往復だけ設定されるのである。峻険な山岳地帯の絶景を越えて到達する終点のルイバチェ駅は、湖の西端に位置しており、駅の裏手から湖面が望める。

駅自体は街の中心部や湖水浴場から離れており、列車の発着に合わせてミニバスが接続している。ただ、ビシュケク市内からは湖水浴場がある地域や市街地までのミニバスが頻発しているので、街外れのルイバチェ駅で乗換えを要する鉄道を利用して湖を訪れるアクセスは、特に外国人旅行者にはほとんど知られていない。

ルイバチェ駅の開業は第2次世界大戦が終了した直後の1946年。今もソ連国鉄の標準様式らしい巨大で無機質なコンクリート駅舎が建っているが、観光のオフシーズンは旅客列車は運休してしまう。1面だけの旅客ホームの隣から側線が何本も並んでいる通り、主役はあくまで貨物である。イシク・クルの周辺の山々には鉱山が多く、ソ連時代はその鉱石をここからソ連全土へと運びだしていったものと思われる。駅が街外れに位置し、駅前に人家が少なく寂寥感が漂うのは、旅客駅としての役割がさほど期待されていないためであろう。

ビシュケクからの列車が到着。
イシク・クルへの行楽客が大勢降りてきた（ルイバチェ駅）

ちなみに、ルイバチェとはロシア語で「漁師」を意味する。ソ連が崩壊してキルギスが独立した後、町の名前は同じ意味を持つキルギス語の「バリクチ」と改められており、日本の旅行案内書でも今やルイバチェという旧都市名を見かけることはほとんどない。

だが、実は今でも、駅名はなぜかルイバチェのまま。幻の湖だったイシク・クルは今やキルギスきっての国際観光地となっているが、鉄道駅の名前と駅内外の雰囲気だけは今でもソ連時代の面影を偲ばせてくれる。外国人、それも旧ソ連圏以外から来た乗客がほとんどいない旅客列車から軽装の行楽客がソ連スタイルの駅舎の前で下車し、古びたミニバンを利用した地元客向けの乗合バスに乗り換えていく光景は、往年のソ連国民の小旅行の様子も斯くこそありしか、と思わせてくれる。

（3）ウズベキスタン

①サマルカンド駅
……青の都の玄関駅

近年、日本人観光客の人気が急速に高まっているウズベキスタン。旧ソ連時代は鉄のカーテンの向こうに隠れていたが、もともと国中に豊富な観光資源を持っていたため、独立して国内が安定するにつれて多くの外国人旅行者がやって来るようになった。

そんなウズベキスタンへの旅行者が必ず訪れるのが、首都タシケントから約350キロ西に位置する古都サマルカンドだ。ドーム型のモスクの屋根に用いられている鮮やかな青緑色のタイルと青空の美しさから「青の都」と呼ばれ、街自体が世界遺産に指定されている。

サマルカンドへのアクセスも幅が広がってきた。ソ連時代は外国人旅行者が自由に列車に乗ることも困難だっ

たが、今ではタシケントから観光客向けの専用特急が運行され、並走するバスとの間で激しい競争を繰り広げている。ソ連国鉄の標準カラーでもあった深緑色の武骨な客車列車はほとんど姿を消し、明らかに青の都をイメージしたと思われる青緑色ベースのカラーリングを施した真新しい機関車や客車がサマルカンド駅に毎日発着している。そうした新型車両の中には中国製も少なくない。鉄道車両もソ連邦内で自給自足が当たり前だった時代に比べると、隔世の感がある。

ただし、それらの旅客列車の大半は朝か夕方、夜に発着しており、青の都らしい青空が広がる日中の発着列車は少ない。これはソ連時代から変わらないサマルカンド駅発着列車の特徴で、1992年に完成した瀟洒な駅舎の中も、その駅舎に面しただだっ広い1番線ホームも昼間はガランとしている。

日中は人影が少ないサマルカンド駅の全景

人影のないホームを日中にぶらぶら歩いて停車中の客車など眺めていると、時に駅駐在の警察官に呼び止められる。カメラを持った観光客には、撮影を控えて駅の外へ出るよう指示するケースも少なくない。特急列車の出発前にホームで乗客や見送り客が記念撮影するシーンはここでも珍しくないのだが、旧共産圏の名残なのか、駅構内で列車そのものを写真撮影する旅行者にはあまり寛容ではない。あるいは、共産圏云々というより、この国の南に接するアフガニスタン情勢が長期にわたって不穏であり続けていることと関係があるのかもしれない。

とはいえ、私たち観光客でも当日に空席があればその場で切符を買って乗車できるなど、外国人の国内移動に種々の制限があったソ連時代では考えられない話だ。夜に特急列車で到着すると、駅前にタクシーが押し寄せて私たち乗客を待ち構え、私のような外国人旅行者に対しては運転手が片言の英語で次々と客引き行為に及ぶ。サマルカンド駅は街の中心部から離れているがゆえに、特に夜はどうしても彼らの車に乗らざるを得ない。この駅まで自由に汽車に乗れるようになったのも夜の駅頭でタクシーの客引き攻勢を受けるのも、ソ連が崩壊したからなればこそと考えれば、多少は納得しながら闇夜の中で客引き運転手と渡り合えるだろうか。

②タシケント駅
……中央アジア最大級のターミナル

ソ連時代は鉄のカーテンの向こうに閉ざされていた中央アジアの国々は、ソ連崩壊から30年を経て、日本人にとってはとても身近な国になった。中でもウズベキスタンは日本からの直行便が就航し、大手旅行会社も頻繁にパッケージツアーを売り出しており、現地へ行けば観光シーズンには日本人の姿が多く見られるようになった。

そうした観光客のほとんどは専用バスなどで同国内を移動しており、あえて鉄道を利用する日本人旅行者はまだまだ少ない。だが、首都のタシケント駅には、中央アジア諸国やモスクワへ向かう旅客列車、近距離を走るソ連時代と変わらぬ車両の通勤電車、それに漢字で書かれた中国からのコンテナを積んだ貨物列車が入れ替わり立ち替わり姿を見せ、中央アジアの鉄道バザールのごとき様相を呈している。

タシケントに鉄道が通ったのは100年以上前の20世紀初頭。1906年にはモスクワなど帝政ロシアを経由するヨーロッパ方面との直通路線が全通した。ソ連時代は中央アジア最大の都市として地下鉄や市電が整備され、蒸気機関車全盛だった1950年代に早々と車両のディーゼル化が推進されたという。タシケント駅前には鉄道技術博物館が開設されており、ウズベキスタン全土で活躍した旧ソ連国鉄の蒸気機関車や電車がズラリと並んで屋外展示されている。タシケントが鉄道運行においても中央アジアの中心地であったことが強く伺える。

ソ連が崩壊して独立した中央アジア各国は、モスクワとの繋がりを徐々に断ち切ってきた。駅舎も無機質だったソ連時代から生まれ変わり、ソフトな殿堂風の駅舎に青い駅名表示が彩りを添えている。

それでも、モスクワ行きの伝統ある長距離列車はタ

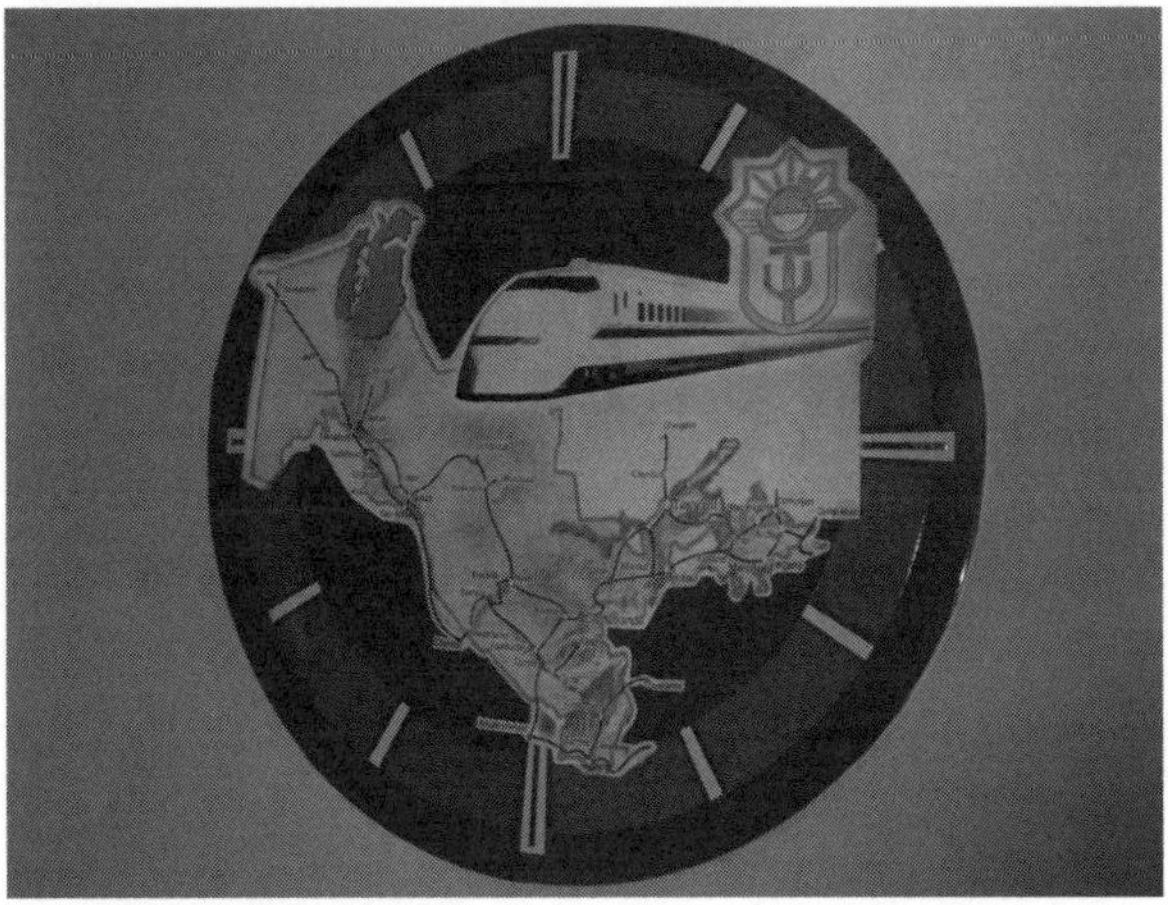

タシケント駅窓口に掲げられていたウズベキスタン鉄道の国内路線図をかたどったマーク。
なぜか日本の東海道新幹線300系の写真が用いられている

シケントから今も運行されている。駅構内の切符売場に掲げられている時刻表や説明表示には、独立後に採用されたラテン文字とロシア語に基づくキリル文字が併記されている。ソ連の面影もまだあちこちに残っていることは事実だ。

ただ、最近は主要観光都市へ向かう中距離列車にオリジナルの近代的車両が導入され、3面5線のホームには華やいだ雰囲気が感じられるようになっている。アフガニスタンとの国境都市へ向かう列車には立派なひげを蓄えたアフガンスタイルのイスラム教徒が、サマルカンドへ向かう観光客向け特急には地元の若いカップルや家族連れが乗り込んでいく。モスクワ行きの乗客にはロシア人の姿も少なくない。こうして、列車を待つ旅客が集うホームやコンコースには多様な民族や宗教の雰囲気が一日中混在し、まさに人種のるつぼとなっている。

日本人観光客の多くが目にするのは「中央アジアの小パリ」と称される整然とした街並みであろう。それも確かにタシケントの魅力だが、その街並みの一角にあるタシケント駅に足を踏み入れると、シルクロードの要衝であったこの街のもう一つの側面が見えてくる。

（4）タジキスタン

①ホジャンド駅
……隣国の〝飛び地〟路線上の中心駅

旧ソ連の鉄道は、連邦を構成する各共和国の国境の存在などほとんど意識することなく敷設されていた。それゆえ、ソ連から独立した中央アジア諸国では、国内の2都市間を結ぶ列車が、自国領内をいったん飛び出して隣国の領土内を通過し、再び自国内に戻って来るというようなケースが各地で発生し、運行上の問題が生じることになった。

タジキスタンでは、国土の南北に2つの路線が独立して敷設されている。北部にはウズベキスタンに東西を挟まれた路線が通過しており、南部ではそれとは別の路線が、やはりウズベキスタンから西側の国境を越えて来る。この両区間を北から南へ鉄道で移動するには、いったん西隣のウズベキスタンへ出て、アフガニスタン国境近くまで南下して再びタジキスタン南部へ到達するということになる。実際にこのようなルートで南北を結ぶ直通旅客列車が運行されていても、自動車ならば南北をまっすぐ直通できるのに、あえて長時間かけてそのような迂回列車に乗り通す旅客などほとんどいない。したがって、南北に存在する路線はほとんど互いに無関係と言ってよい。

そのせいか、首都ドゥシャンベを中心とした国内路線が一応設定されている南部と異なり、北部の路

線は「タジキスタンの鉄道」というイメージが極めて薄い。この区間は東西の国境がともにウズベキスタンと接しており、あたかもウズベキスタンの国内路線の一部が、旧ソ連の設定した国境線のせいでタジキスタンにはみ出したような線形になっているからである。

この北部の短い路線の中心的ターミナルが、タジキスタンで最も歴史のある古都の玄関駅・ホジャンドだ。ホジャンドは、アレキサンダー大王の東方遠征時に建設されたと言われており、現在は中央アジア最大級の木曜バザールで知られている北部随一の都市である。もっとも、駅の構内は広いが旅客駅舎は田舎の小駅のごとくささやかで、一部の旅客列車の発着時間帯を除けばひっそりとしている。

「一部の」と形容するのは理由がある。駅舎内に掲示されている時刻表に記されている旅客列車の中には、実際には駅として事実上、旅客扱いを

行わない列車があるのだ。路線の東西をウズベキスタンに囲まれているにもかかわらず、ホジャンド駅では、迂回して行く南部ドゥシャンベ方面を含めたタジキスタン国内、及びロシアへの直通列車のロシア領内までの切符しか扱っておらず、すぐ隣のウズベキスタン領内の駅への切符は販売していないのである。このため、東西の国境双方を直通するウズベキスタンの国内列車がホジャンド駅に停車しても、旅客の乗降は原則として行われない。

どうしても乗り降りしたい場合は、車内の乗務員と直接交渉することになる。ウズベキスタン入国査証（ビザ）所持の確認はともかく、もともと運賃が設定されていないため、値段の交渉は難儀である。車内での支払いはタジキスタンの通貨・ソモニではなく、ウズベキスタンの通貨・スムになる。駅はタジキスタンに位置していて、販売する切符もタジキスタン国内にほぼ限られているが、目の前に停車している列車の車内はウズベキスタン。両国関係の善し悪しにも左右されるのだろうが、国境線が書き換えられでもしない限り、この奇妙な状況はこれからも毎日続いていくのだろう。

ホジャンド駅に停車する"回廊列車"（→P221参照）。
南部の首都ドゥシャンベからウズベキスタン領内を経由してここまで来た

②カニバダム駅
……国際旅客がいない国境の終着駅

四半世紀前の1991年にソ連が崩壊したとき、中央アジアの奥地のあちこちで、新たに発生した国境線が突如として線路を横断する事態が生じた。ソ連国鉄として一元的に運行されていた列車が各国で別々に管理されることになると、各国の国鉄は当然、自国で自由に運行管理できる国境線の手前の駅を新しい終着駅としてダイヤを設定し、その駅には出入国管理場を設けたり税関職員や国境警備隊を配置した。それまでは交通政策上ほとんど影響力のなかった駅であっても、そのように国境駅となれば人や物が必然的に停留するので、新しい地域経済が生まれるきっかけにもなる。

ところが、国境線が複雑に入り組むタジキスタン、ウズベキスタン、それにトゥルクメニスタンでは、国境線ができて列車の運行上の拠点にはなったが、駅周辺の活性化には繋がっていない国境駅が見られる。タジキスタン北東部でウズベキスタンと接するカニバダム駅もその一例である。旅客は駅舎に面したホーム1面を利用するだけで、列車の発着時も賑わいがほとんど感じられず閑散としている。

国境らしからぬのどかさが漂う大きな理由は、カニバダムでは旅客が国際列車を利用する機会が少ないからだ。この国境を通る国際列車は、西の国境からやって来たウズベキスタンの列車がタジキスタン領内を通過して再び自国内に戻っていく運行スタイルを取っている。一方、カニバダムから北部の自国線内を走っていったん国境を越え、ウズベキスタン内の線路を走ってまた南西部の国境からタジキスタン領内に戻り、首都のドゥシャンベまで行く列車も、仕組みとしてはカニバダムを通過するウズベキスタンの列車と同じである。

このように、自国の領内を一時的に出て他国の路線を走る際に、自国外の区間では旅客営業を行わないことで国内列車としての営業に徹する列車のことを、俗に回廊列車という。旅客営業をしない他国内の区間は、外に出られない〝回廊〟というわけだ。回廊列車は西ヨーロッパのオーストリアやドイツ、東ヨーロッパの旧ユーゴスラビア諸国間で見られるが、中央アジアではウズベキスタンが回廊列車の縮小を目指して自国内の短絡線建設を進めている。2016年には、ウズベキスタン南東部と首都のタシケントを直結する山岳路線が開通したため、もはやウズベキスタンの旅客列車がカニバダム国境を通過する必要性はなくなってしまった。

ソ連崩壊前までは田舎の小駅だったせいか、過疎地の中間駅の雰囲気が漂うカニバダム駅

回廊列車を含めて国内列車しか発着しておらず、国際旅客の往来がほとんどない駅舎の前に小さな売店が出ているだけのカニバダム駅では、タクシーの客引きもないし国境地帯に付き物の宿泊施設の呼び込みもない。国際旅客がいないから、駅周辺に繁華街や市場などの賑わいは見られない。国境らしい雰囲気を感じることができる

のは、暇を持て余した駅駐在の警備隊に別室へ連れ込まれて、「ウォッカ代をくれ」といきなり賄賂を要求されるときくらいかもしれない。

第8章 南アジア

1等車の窓越しに新聞を売り歩く（スリランカ・ペラデニヤ駅）。非冷房車ならではの商売

ダージリン
インド
チラハティー
バングラデシュ
インド
ドルショナ
ダッカ
コルカタ·シアルダー

（1）バングラデシュ

①ドルショナ駅
……激動する国境の住居混在駅

バングラデシュ西部のインド国境付近に、ドルショナという小さな町がある。幹線鉄道の優等列車は街外れにあるドルショナ・ホルト駅に発着するが、そのホルト駅の北方で幹線から西へと分岐する線路のすぐ先に、ズバリ「ドルショナ」という名の駅が別に存在する。首都のダッカから遠く離れたこの辺境の停車場は、現・バングラデシュ国内の鉄道の起点として、その名をアジアの鉄道史の片隅に刻んでいる。

１８６２年、当時イギリスの植民地下にあったインドの国内路線として、カルカッタ（現・コルカタ）から北上してきた広軌鉄道がこのドルショナを経由してさらに北方へと延長された。その後、１９４７年にインドがパキスタンと分離して独立すると鉄道の経営母体も分割され、ドルショナ以北は東パキスタンに帰属。さらに１９７１年にバングラデシュとして再度独立した後は、ドルショナ駅を含めてバングラデシュ鉄道の運営下にある。

もっとも、新生バングラデシュ鉄道となったときには、この由緒正しいドルショナ駅は、すでに一般旅客にほとんど縁のない存在となっていた。英国統治の終了後もインドと東パキスタンの間ではこのド

旅客列車の発着がなかった2001年当時のドルショナ駅

ルショナ経由の国際列車が走っていたが、1965年の第2次印パ戦争時に運行が中断されてしまったからだ。貨物列車の運行は続けられたが、旅客列車が姿を見せなくなった駅構内の諸設備は抜本的な近代化が図られることもなかった。おかげで、時間が止まったような古き英領インド時代のごとき雰囲気の停車場が、インド人以外の外国人がほとんど来ない国境駅として長年機能し続けることとなった。

旅客列車が来なければ駅に旅客は来ない。そこで、使用されなくなった旅客用プラットホームは徐々に近隣住民の生活空間の中に取り込まれていった。ホームの真横に長屋が迫り、構内の線路やホームの上では近隣の子供たちが遊び回っていた。

駅の施設の住民による（無断？）活用は子供だけでなく、大人たちも線路上を洗濯物干し場にしたり、ホームにかかる軒下のベンチなどを茶飲みの席としたりしていた。2001年の夏、バングラデシュからインドへ越境する途中で偶然この知られざる国境駅に辿り着いた私が駅長室で駅長とチャイを飲んでいると、駅のそばに住む青年が「地域の若者が集まる歌のサークルに参加しないか」と誘ってきた。言われるままについていったら、〝会場〟は隣のホームに建っている倉庫のような小屋の中！　その小屋の中で青年たちと一緒にチャイを飲みながら歌う異邦人の私を物珍しそうに眺める近隣住民たちの視線は、外国人が街の中に溢れる一般的な国境住民のそれではなかった。

２００８年4月、この忘れられた小さな国境駅の名が国際ニュースの中で全世界に配信された。バングラデシュと隣国インドとを結ぶ国際旅客列車「友好急行」が、１９６５年の第2次印パ戦争で中断されて以来、43年ぶりに定期運行を再開したのだ。この由緒ある列車のバングラデシュ側の国境駅こそ、かつてホームや線路上が子供の遊び場と化していたドルショナ駅である。「ドルショナ駅」の名が久々にアジアの鉄道史に刻まれたわけだが、線路の上で洗濯物を干したりホーム上の小屋を歌のスタジオにしたり子供が線路上で鬼ごっこをしたりして、国境なのに警備兵の姿もなく緊張感ゼロだったあののどかで古びた駅が、今、国際旅客列車の復活でどのように変貌しているのだろうかと思う。

②チラハティー駅
……北端の旧インド国境駅

もとは1つの国だった地域に鉄道が敷かれた後で2つの国に分離する場合、新たに引かれた国境線が既存の鉄道網の利便性にまで配慮されていることはほとんどない。最大の配慮は国境線が鉄道路線を分断せず、新しい国のどちらかに全ての路線が帰属してしまうことだが、相手国に重要なインフラである鉄道施設を全部譲ってしまう気前の良い国などない。かくして、スピード感溢れる急行列車が往来する便利な幹線であっても、国境線で二分されれば国境審査が新たに始まり速達性は失われる。それでも列

印パ紛争によって終着駅となったチラハティー駅

車の運行が続けばまだ良い方で、だいたい国が2つに分かれるときは両者は仲が悪いから、国境を挟んだ直通列車の運行が停止され、国境区間の路線が消滅してしまうことも珍しくない。

イギリスの植民地だったインドがパキスタンと分かれて独立したとき、同じイギリス領の中で形成されていた鉄道路線があちこちで分断された。カルカッタ（現・コルカタ）から北のダージリンへ向かう幹線鉄道も一部の区間が東パキスタン（現・バングラデシュ）に帰属したため、現在はインド国内だけを通る迂回路線が使用されている。

バングラデシュ内に取り残された旧幹線区間のうち、南側は線路が繋がったまま国際列車の運行が続けられてきたが、北の終点・チラハティーは1971年にバングラデシュとして再独立したときにインド側との線路そのものが撤去されてしまい、将来の直通運転復活の可能性はほとんどない。インド側は短距離のローカル支線として残っているが、駅からはリキシャ（人力車）に乗らなければ国境地点まで行けないほど遠いし道もわからない。田んぼの中にある国境の道は雨季になると水没してしまう。地元住民だけが腰まで水に浸かりながら両国を往来するような場所で、あえてそんな国境を泳いで越えようとする外国人旅行者などほとんどいない。

そのせいか、国境地点からチラハティー駅は国境駅とは思えないほどのんびりしている。簡素な駅舎の中に出入国審査官と税関職員（兼務？）が駅員と一緒に待機していて、たまに現れる外国人旅行者を見ると、パスポートを物珍しそうに眺めながら丁寧に出入国印を捺す。駅は屋根もない片面だけの未舗装ホームで、さほど大きな街でもないため、1日数回の旅客列車発着時も熱気や喧騒はさほど感じられない。もともとは小さな中間駅に過ぎず、新たな国境線によって突然終着駅になってしまったのだから、旅客の姿が少ないのも致し方ないのだろう。

駅構内の線路上には地面が見えないほど雑草が生い茂っていて、ローカルムードをいっそう盛り上げている。もっとも、鄙びたホームに高々と掲げられた緑色の国旗と、その足元に広がるまるで緑の絨毯のような線路の光景は、自然豊かなバングラデシュの明るいイメージを想起させる。インドから入国してくると、こののどかな国境駅の雰囲気にほっとさせられる。

（2）インド

①ダージリン駅
……世界遺産になった避暑地の玄関駅

アジア初の鉄道は1853年、日本ではペリー率いる黒船が浦賀に来航した年にインドで誕生した。それから150年以上の時を経て6万キロ以上にまで発達した国内路線網の中に、これまたアジアで初めて鉄道として世界遺産に登録された路線がある。その名はダージリン・ヒマラヤン鉄道（Darjeeling Himalayan Railway）。その終着駅が、路線名の由来にもなっているダージリンである。

ダージリン・ヒマラヤン鉄道はイギリス領インド時代の1881年に開業した。ヒマラヤ山脈を背にするダージリンは標高2134メートル。霧が発生しやすい山あいの気候が、独特の高貴な香りを持つ世界3大銘茶の一つ、ダージリン・ティーを産出させる。そうした茶などの農産物を輸出港へ運ぶために、当時のインドの中心都市であったカルカッタ（現・コルカタ）へと通じる幹線鉄道と接続するこの軌間610ミリの軽便鉄道は重要な存在だったのだ。銘茶ダージリンは、この高地の小さな終着駅から可愛らしい蒸気機関車（SL）に牽かれて急坂をスイッチバックやループ線で駆け下り、カルカッタからイギリスへ、そして世界へと運ばれていったのである。

それに、当時のインドを支配していたイギリス人は当地の酷暑を避けるため、夏は涼を求めて各地

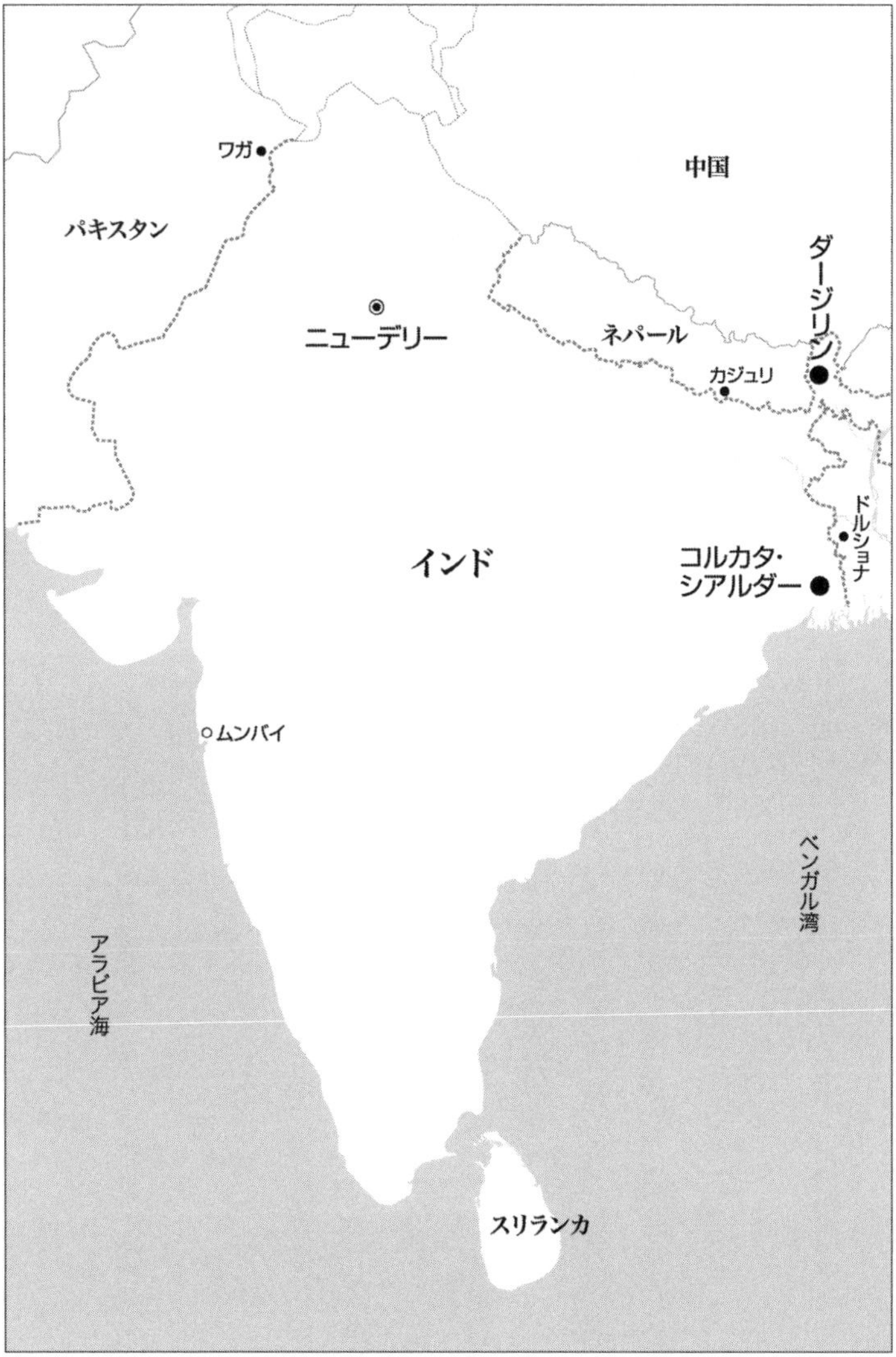
ワガ
中国
パキスタン
ダージリン
ニューデリー
ネパール
カジュリ
ドルショナ
インド
コルカタ・
シアルダー
ムンバイ
ベンガル湾
アラビア海
スリランカ

で山に上った。ダージリン・ヒマラヤン鉄道は、そうしたイギリス人たちを避暑地ダージリンへ運ぶ役割も担っていた。ダージリン駅の1駅手前にあるグーム駅は標高2257メートルで、広大な国土を網羅するインド国鉄の最高地点駅となっている。

やがて貨客輸送の主体は自動車交通に移行したが、規格の小さな昔ながらの蒸気機関車を先頭に走る姿は、いつしか「Toy Train」（おもちゃの列車）の愛称で世界中に知られるようになる。そして1999年、19世紀末の姿を今に留めるその歴史的・文化的価値が高く評価され、アジアでは初めて、そして世界全体でもオーストリアのゼメリング鉄道に次ぐ2例目の、ユネスコの世界遺産登録鉄道となったのである。なお、2005年には同じインド国内のニルギリ山岳鉄道が加わり、登録名が「Mountain Railways of India（インドの山

ダージリン駅に到着した世界遺産の蒸気機関車

岳鉄道群）」に変更されている。

SLの老朽化を理由に2001年から新型のディーゼル機関車が導入されたが、世界中から訪れる観光客のために、老SLたちは今もしばしば観光列車を牽いてダージリン駅に発着する。ダージリンではSLの到着時刻が近づくと、遥か遠い茶畑の彼方で「ポーッ！」という独特の汽笛が山あいに響きわた

り、その音が少しずつ大きくなっていく。

やがて、駅手前の急坂を最後の力を振り絞って必死に登って来る、愛らしいＳＬの姿が現れる。霧に包まれた終着駅に滑り込むと、まるで疲れた旅人がフウッと息を吐き出すように、ＳＬは全身から白い水蒸気を一気に噴き出す。世界的銘茶の里で今も見られる、19世紀末のインド山岳地域の原風景である。

②コルカタ・シアルダー駅
……インド旧都の庶民派玄関駅

かつてカルカッタと名乗っていたコルカタには、英国統治時代から約１５０年の長きにわたって街の玄関駅として賑わってきた2つのターミナルがある。１つはデリーなど主に西方へ向かう列車が発着するハウラー駅、もう1つがダージリンなど東部インド方面に向かう列車が発着するシアルダー駅である。ただ、このような役割分担に従うと、イギリスからの独立後に国境で隔てられてしまったバングラデシュに近いコルカタは、インドの国土の東端に近い位置付けになるので、この街に発着する長距離優等列車は必然的に西部方面行きの列車が多くなる。したがって、優等列車に乗るビジネスマンや外国人旅行者などは伝統的にハウラー駅を利用することの方が多かった。そのせいか、比較的本数が少ない東部方面行き列車や地元客が利用する近郊列車が多数発着するシアルダー駅は、ハウラー駅に比べて影が薄く、その分だけ庶民的な雰囲気が駅内外に強く感じられる。

コルカタ周辺の近郊電車は、ドアを開け放ったまま乗客が鈴なりになって走っていることが多い。そ

近郊電車が到着したコルカタ・シアルダー駅

んな列車がシアルダー駅に到着すると、サンダル履きの男性やサリー姿の女性がどっと車内から吐き出される。昔の日本でいう「ゲタ電」（下駄を履いて気軽に乗れる日常の電車）の趣きだ。大きな荷物を抱えてコルカタの町で商いをする行商人もいて、中にはホームの上に商売道具を広げるや早々に商談を始める者もいたりする。

この下町の風景に彩り（?）を添えているのが、駅界隈を軽やかに走り回るリクシャーだ。「リクシャー」（rickshaw）の語源は日本語の「人力車」だが、インドの大半の都市では、自転車（サイクル・リクシャー）や単車（オート・リクシャー）などが牽引するようになっていて、語源通りの人力によるリクシャーは淘汰されてしまった。

その稀少な人力によるリクシャーが、このコルカタの街では数は少なくなりつつあるもののまだ見られる。熱気と下町の臭いが充満するシアルダーの駅に着いたら、昔ながらの人力車に乗って人種のるつぼのようなコルカタの街へ繰り出すなんてことも可能なのだ（ただし、外国人旅行者は相場に比べて法外な額をふっかけられやすいので要交渉）。

２００６年にはこのシアルダーとハウラー両駅の混雑解消を目的として、コルカタ第３の駅・チトプルが市内に開業。一部の旅客列車がこの真新しい駅発着に改められ、旅客の利便性は確かに向上した。だが、シアルダー駅が醸し出してきたインド大都市の下町風情まで移転させることはできず、近郊電車の発着とともにインドの庶民の日常生活がホーム上や駅前に展開する勝手口のような玄関駅としての役割は今も変わりがない。

（3）スリランカ

①バドゥッラ駅……絶景を誇る山岳路線の終着駅

スリランカの鉄道は、セイロン島の中の限られた区間を旅客列車が1日数本の単位で運行されているだけであるにもかかわらず、潮風に吹かれる沿海路線から緑濃き山岳路線まで、バラエティーに富んだ風光に恵まれている。隣の鉄道大国・インドと同じ軌間1676ミリという、島国らしからぬ広軌を採用しているので、車体が大きく安定感がある。

その中でも特に車窓の美しい区間としてしばしば旅行案内書に紹介されるのが、キャンディからバドゥッラまでの171キロだ。セイロン茶の畑が沿線の至る所に広がる清涼な高原地帯を、昼は最後尾に展望室を設けた1等車を従えて、夜は煌《きらめ》く星空に見守られながら、どの列車も常に大勢の旅客を乗せて走っている。

19世紀初頭まで300年余りにわたりシンハラ王朝の都として栄えたキャンディから山を登っていくと、途中で標高1000メートル超の高原を走り、最後はまた下りとなって標高700メートルを下回った頃、終着駅のバドゥッラに至る。英国統治時代にコロンボから徐々に路線延長していったこの路線は、1924年に、紅茶の集積地として発展しつつあるこの山間部の小さな集落の玄関駅まで開通し

スリランカ
ペラデニヤ
コロンボ・フォート
バドゥッラ
ゴール

高原の盆地に拓かれた終着駅・バドゥッラ

た。そうした建設経緯のためだろう、さして広くない駅構内には貨物の集積用とおぼしき倉庫が建ち、線路はホームからさらに引込線となってしばらく先へ続いている。

　終着駅の趣きに乏しい中で、ホームの駅名標だけが、ここが山奥の最果てであることを感じさせてくれる。スリランカの公用語はシンハラ語とタミル語なので、鉄道駅の駅名標はこの2言語の文字に英語を加えた3言語で書かれている。そして、バドゥッラ駅の隣の駅名は、英語で「END」……。

　駅前には小さな食堂などが短く軒を連ねているだけで、夜行列車が発着する長距離鉄道の終着駅にしてはいささか寂しい。街の中心部は駅前の道路をまっすぐ進んで橋を渡った川向こうにあるため、街外れの駅前は1日数回の旅客列車の発着前後を除いて人影が少ない。インド世界の一部らしく、野良牛がのんびり路上に寝そべっていたり、悠然と人や車の前を歩いて通り道を遮ったりする。

　バドゥッラにはドゥンヒンダ滝という名物瀑布があるが、観光資源と呼べるものはそれだけ。滝1つを見に、わざわざ半日かけてここまでやって来る観光客は多くない。だがそれゆえにバドゥッラは、宗主国イギリスが切り拓いた新興の小都市にスリランカの生活感が浸透した素朴な街としての姿を、私たち外国人観光客に見せてくれる。山小屋風の三角屋根が並ぶ小ぶりで瀟洒な駅舎のバドゥッラ駅の静かな佇まいは、まさに、そんな小さな町の象徴のようである。

②ゴール駅
……海沿いの城塞に近いスイッチバック駅

2004年末に発生したインドネシアのスマトラ沖地震では、インド洋を越えたスリランカにも甚大な被害をもたらした。港の船舶は陸上に押し上げられ、沿岸部を走っていた列車は乗務員や乗客ごと押し流されて脱線・転覆した。東日本大震災と同じような光景を、私たちはその6年前にテレビ等を通じて目にしていたのである。

このとき、列車が押し流されたジャングルのやや南方に位置しているのが、スリランカの南西沿岸でインド洋に面して16世紀から城塞を構えていた港町・ゴールである。列車を流した津波は高さ10メートルの巨大津波だったというが、ゴールに到達した津波も最大で6メートルほどあった。ところが、17世紀にオランダが築いた頑強な城壁は、世界遺産でもある壁の内側に広がる旧市街の美しい街並みを守り、奇跡的に1人の死者も出さなかったのだ。

列車転覆によりコロンボとの路線が寸断されるなどの影響を受けたゴール駅は、「奇跡の世界遺産」と呼ばれるようになったそのゴールの城塞を目の前にした新市街側にある。津波で列車が転覆した北

ゴール駅に旅客列車が到着。
行止り式ホームのため全列車がスイッチバックする

方のコロンボからの路線と、さらに東にあるマータラまでの路線がともに同一方向から進入するため、櫛の歯のような頭端式ホームに到着した列車が進行方向の転換を余儀なくされるスイッチバック駅となっている。駅の構造上、この駅を終着としない列車も長時間停車を余儀なくされるが、幹線のコロンボ方面とローカル線風情のマータラ方面とを直通しようとする旅客は少なく、大半の客は列車が到着するとそのまま列車の先頭方面へ歩いていって改札口を出てしまう。1番線ホームからは、客車が身体を休める車両基地が隣接しているのが目に入る。

といっても、西部沿岸の幹線鉄道の要衝にしては、さして大きな駅ではない。島式ホームが2つ並び4番線まであるが、長いホームに屋根が付いているのは1・2番線だけ。3・4番線はホーム延長が短く、長距離列車の発着には適していない。2階建ての駅舎は特徴に乏しいクリーム色の外観に比べて、小さな中央ホールにある手売り式の切符売場や古めかしい手動式の時計の針を発着時刻に見立てた時刻表など、内部はクラシックな重厚感が漂っている。ホームの屋根から釣り下がる時計も、古めかしい書体の数字が目を引く。サリーを着た女性が茶色い旧式客車のそばを歩いている様子を見ると、何十年も昔にタイムスリップしたような錯覚に陥る。

駅前を横切る大通りの向こう側には、旧市街の城壁が見える。津波から守られた旧市街はオランダやイギリスの植民地統治時代に形作られた西洋風の街並みだが、イギリス統治時代にスリランカに登場した鉄道も、その旧市街へは立ち入らず、城壁の手前に駅を設けたのだ。大通りを行き交う自動車の波だけは現代の眺めだが、その両側、すなわち南の旧市街と北の鉄道駅では、経てきた歳月の長さは異なるものの、よく似た雰囲気を感じ取ることができる。

③コロンボ・フォート駅……セイロン島の古びた中央駅

スリランカの首都といえば、スリジャヤワルダナプラコッテという長い名称で日本人にもよく知られているが、実際には２００９年に内戦が終結するまで首都機能がなかなか整備されず、隣接するかつての首都コロンボが、名実ともに国の筆頭都市として賑わってきた。

そのコロンボの中央駅として機能しているコロンボ・フォート駅には、毎日朝から晩まで多彩な列車が次々と現れ、利用客で溢れかえっている。イギリス統治時代の１９０８年に開業した駅の正面には、やや小さめながらヴィクトリア様式の駅舎が横長に広がっている。駅前広場も他国の首都駅に比べれば控えめな広さだが、その分、市街地のど真ん中に位置しているとの印象が強い。実際、南北の沿岸路線や島の中心部へと続く山岳路線を走る長距離列車だけでなく、コロンボ近郊を走る通勤列車が朝夕を中

朝のコロンボ・フォート駅。
サリー姿で通勤する女性客も見られる

心にひっきりなしに狭いホームに発着し、そのたびに構内はいつも大混雑となる。

駅構内は細い鉄骨がアーチ状に組まれ、一部がトタン板のような簡素な素材でできているドーム型の屋根でほぼ全体が覆われている。屋根の板が薄い部分は太陽光が入ってくるが、全体的にプラットホームは昼でも薄暗い。駅舎と改札口から離れたホームへ移動するための跨線橋も同じような骨組みで、錆が浮き出ているのが遠目にもわかる。そして、これはこの駅に限らずスリランカやインドなど南アジアの鉄道駅全般に言えることだが、旅客が投げ捨てたゴミが線路のそこらじゅうにいつも散らばっている。入線してくる近郊の通勤電車の中には比較的きれいな車両も見られるので、駅全体の薄汚れた感じがいっそう強く感じられる。

このコロンボ・フォートを起終点とする長距離列車だけでなく、南北を直通する通勤列車が左右双方からやって来るので、中央駅といってもホームは基本的に列車が通過できるスタイルになっている。頭端式の終着駅が多い欧米の植民地下にあったターミナルらしからぬ構造で、むしろ日本の東京駅や大阪駅に似ている。線路に挟まれている中間ホームの幅はほぼ一様に狭く、長距離列車が停車していても、見送り客と乗客が長旅を前にホーム上で憩うシーンは目にしにくい。日本の新幹線が採用している国際標準軌（1435ミリ）よりも広い1676ミリの線路に対応した大きな車両の中に入って待機していた方が、むしろ広々としているせいもあるだろう。

ただ、駅舎寄りの北側には、上野駅の地平ホームのような櫛形の頭端式発着ホームが設けられている。ここは駅の中央付近と違ってホームの幅も広く、北部や山岳部へ向かう長距離列車が出発を待っている姿がよく似合う。

スリランカの優等列車の一部には最後尾に展望スペースがある1等車が連結されていて、改札口から駅構内に入ってこのホームを目指すと、後ろ向きに幅広の展望窓を持つ優美な1等車が線路の終端部付近に停車している様子が最初に目に入る。そのさまは確かに、一国の首都のターミナルらしい格式ある鉄道旅行の旅立ちを感じさせる。

④ペラデニヤ駅 ……古都キャンディ郊外の三角形駅

スリランカのほぼ中央部に、標高300メートルほどの低い山々に囲まれた静かな盆地が広がっている。シンハラ王朝最後の都・キャンディは、日本で言えば京都に相当する古い町であり、今は山上のバドゥッラへ向かう幹線鉄道が支線を分岐する交通の要衝ともなっている。

事実上の首都であるコロンボからキャンディへの鉄道が開通したのは1867年。その後、バドゥッラまで開通した全線のほぼ中間に位置するキャンディは、幹線自体の運行上の拠点となり、また北方29キロにあるマータレーまでの支線を分岐する乗換駅の所在地として、人々が集散するようになっている。コロンボまでの121キロにはインターシティー・エクスプレスと呼ばれる所要約2時間半の都市間急行列車も設定され、並走する長距離バスとのスピード競争では優位に立っている。

もっとも、コロンボからバドゥッラへ通じる主要幹線はキャンディ駅そのものは通らず、6キロ手前のペラデニヤ・ジャンクションという駅がキャンディの玄関口となる。キャンディ駅は市街地の南西部にあり、コロンボやバドゥッラからの列車がともに同じ方向からやってきて、行止り式のホームに到着する。

このため、キャンディを経由してコロンボ方面とバドゥッラ方面とを結ぶ列車は、キャンディで方向転換（スイッチバック）をしなければならない。その場合、前後両方向へ機動的に動ける列車ではなく、機関車が客車を牽引する昔ながらのいわゆる〝客車列車〟スタイルの列車が大半なので、機関車の前後付替えなどが必要となる。

その不便を解消するために、ペラデニヤ・ジャンクション駅は3方向からの線路が他の2方向のどちらへも直通できるように、三角の線形をしているのが大きな特徴だ。山岳地帯の急勾配ではなく平地でスイッチバックをする駅の例は、日本では石北本線の遠軽《えんがる》駅（北海道）、磐越西線《ばんえつさいせん》の会津若松駅（福島）、花輪線の十和田南駅（秋田）などに見られるが、そのわずか手前に短絡線を兼ねた三角形の乗換駅を別途設けている例はない。一般的に、諸外国の鉄道では日本のように列車の方向転換を伴うスイッチバックを多用したがらない傾向にあり、この三角形のペラデニヤ・ジャンクションはそうした発想の産物とも言えるのではないだろうか。

この三角形のペラデニヤ駅があるためか、キャンディを経由、つまりスイッチバックしてコロンボとバドゥッラの双方の区間を直通する列車はほとんど設定されておらず、大半はペラデニヤの短絡線ホームに停車するだけだ。コロンボ方面からの列車が到着すると、ホームの目の前に建つ駅舎を挟んで反対側にもう一つのホームがあり、互いに三角形の2辺を成している。まるで川の三角州のような両ホーム間に駅舎が建っている。

三角形のペラデニヤ駅ホーム上。左と右のホームに停車した各列車は、乗入れ路線へ反対向きに進入する

1日の運行本数は各線とも日本のローカル線並みだが、数少ない列車同士がタイミングを合わせて同時に発着することもあり、そのときは三角州を構成する2つのホームを往来して乗り換える旅客の姿もある。三角形の配線が可能なほどに土地が広い街外れの郊外に駅があり、なおかつホームや駅舎がコンパクトにまとまっていること、それに何より、スリランカ国鉄が旅客列車の運行ダイヤを比較的正確に守っていることからこそ見られる光景である。

（4）ネパール

①ジャナクプル駅
……国境審査なくインドへ行けてしまう

ネパールが概ね現在と同じ範囲を領土とするようになったのは19世紀になってからで、それ以前にはインドの一部をも包含する領土を持った王朝が成立していた時代もあった。

現在の首都カトマンドゥから南東へ120キロほど離れたジャナクプルは、神話の時代にそんな広大な領土を持っていた王朝の首都だった。インドとの国境に近く、今も北インドとの繋がりが強い住民が多いとされる。

そのジャナクプルを拠点として、ネパールで唯一の鉄道、ジャナクプル鉄道が走っている。ジャナクプルを中心に北西から南東へと延びている全線51キロの小さな鉄道だ。列車の運転系統はジャナクプルを中心に完全に分割されており、路線名にもなっているジャナクプルが全線の中心駅としての役割を果たしている。なお、2014年から全線が運休になっていたが、軌間を軽便鉄道サイズの762ミリからインドと同じ1676ミリに変更して復活させる大規模な工事が続けられている。

運休前の小さな駅舎には小さな切符売場があるだけで強い日射しをよける待合スペースなどなく、常に人がたむろしていた。狭い駅前には、リクシャーがひしめいて下車客を待っていた。全ての列車がこ

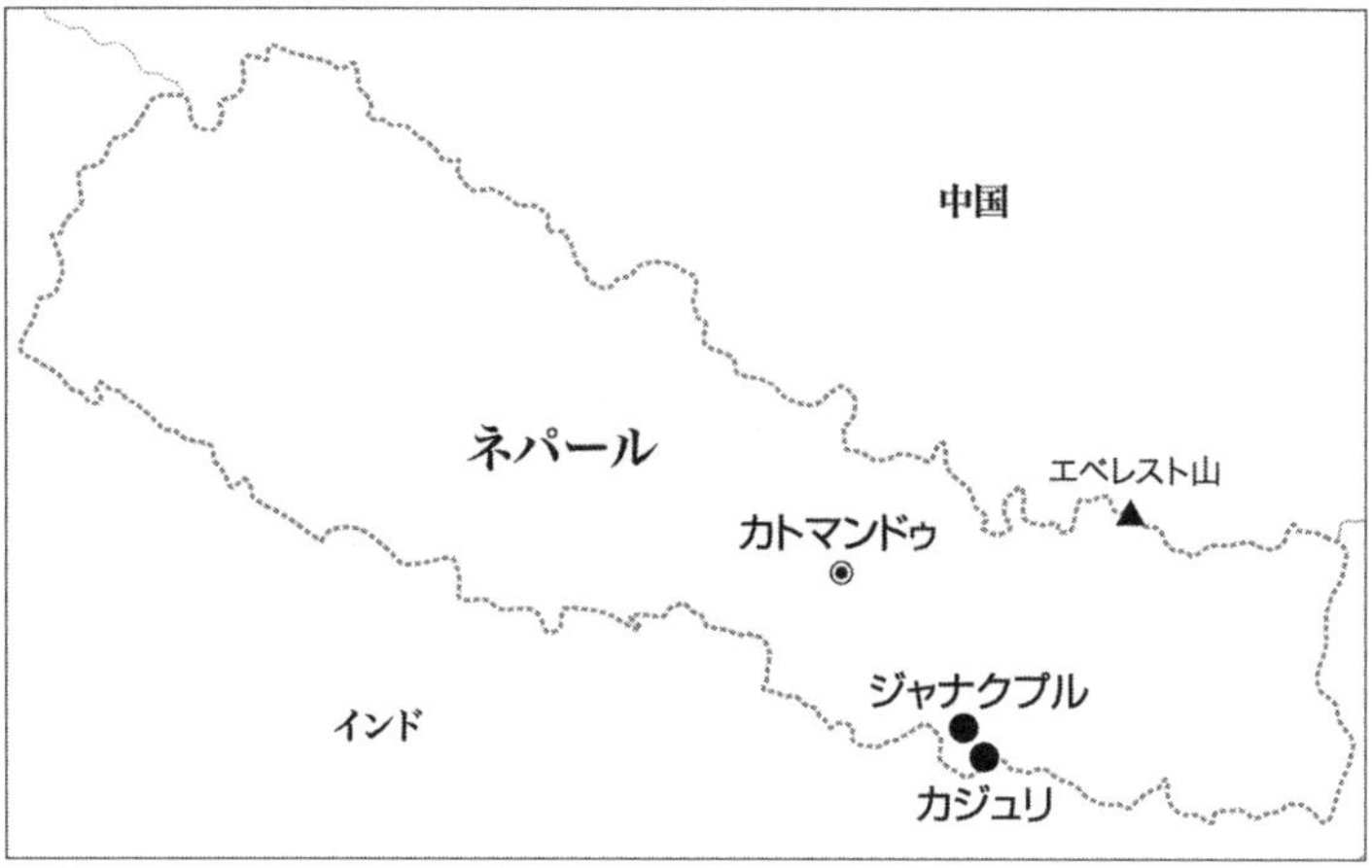

のジャナクプルを終点としているので、列車が到着すると車内はもちろん、客車の屋根の上にまで乗っていた旅客がどっと吐き出されてホームや駅舎、駅前広場に人が溢れる。

到着した客車はインド国鉄の標準的な客車と同じ茶色で、女性客は年輩者を中心にサリーを着ている人が多いなど、どこかインドの地方路線のような雰囲気が漂っている。それもそのはずで、この鉄道の南東の終点・ジャイナガルは、ネパール国境を越えたインド領内にあるのだ。国境ならではの物々しい雰囲気などまるで感じられないが、ジャナクプル鉄道は立派な国際鉄道なのである。

ただし、このジャイナガル方面の国境では、インド国民とネパール国民が自由に往来できる特例が認められているため、国境での検問などが存在しない。したがって、両国民でない第三国人はたとえ査証（ビザ）を持っていてもこの国境を越えることはできない建前となっている。それゆえ、国際列車が発着すると言っても、ジャイナガルから遠く離れた地方のインド人が遠路はるばるやって来てこのジャナクプル駅のホームに降り立ったり、インドを目指

ジャナクプル駅の列車出発前。
左はインド・ジャイナガル行き、右は北方のビザルプラ行き

す欧米人バックパッカーが大きな身体をすぼめるように満員の小さな客車に乗り込んだり、というような光景は見られない。ジャナクプル以外には沿線に観光地などないので、外国人旅行客にはほとんど縁がないのだ。

客車は常に満員だし、沿線にはまともな並行道路がないので、インドとの直通運転が可能な広軌路線として復活すれば、ジャナクプル鉄道はしばらく安泰と思われる。これほどの地元密着型交通機関は、世界中から旅行者が集まるこの観光立国では珍しい方に属する。昼のひととき、ふらっと駅を訪ねてみれば、観光客とは無縁のネパール人の日常風景の一コマを垣間見ることができるだろう。

②カジュリ駅
……出入国審査場がない国境のローカル駅

2つの国家が接する境界線としての国境は、物理的に目に見えるわけではない。だが、陸上でそのラインを越えようとするときには、平時であっても緊張感が漂う警戒態勢を経験することが多い。陸上に国境線を持たない現代の日本人にとっては、この独特の緊張感そのものが異文化体験になる。

もっとも、その国境線の周辺で日々の生活を営んでいる人たちは、人為的に引かれた目に見えない国境線に必ずしも拘束されない。よほど対立状態にある2国間でない限り、国境周辺の住民は公的な出入国審査場とは別の場所で両国間を自由に往来しながら生活しているケースさえある。

蒸気機関車の廃車体があちこちにあったカジュリ駅の車両基地

インドと国境を接するネパールのカジュリ駅は、そんなのどかな雰囲気が国境を越える国際列車が走る鉄道路線と国境駅にも及んでいる珍しい場所である。国境を前にした駅であるにもかかわらず、国境警備隊員などの姿は駅では見えない。247ページでも触れたが、この列車の終点であるインド側の終着駅・ジャイナガルとの間では、ネパールとインドの両国民に限ってパスポート不要で自由に往来できる措置が採られているため、そもそも出入国管理業務が行われていないのだ。

では、両国民以外の第三国人はどうなるのかというと、建前上はこの国境を越えることはできないとされている。とはいえ、駅の窓口では明らかにインド人にもネパール人にも見えない日本人の私にジャイナガル行きの乗車券を簡単に売ってくれるし、カジュリ駅に着いたときに誰かから降りろと言われることもない。おそらく、地元の住民のほとんどは、第三国人がこの国境を越えてはいけないというルールなど、自分には関係ないので知らないのではないだろうか。

そういうわけで、うっかりすると知らない間にインドへ〝密入国〟していた、なんていうことが起こりうる。外国人観光客の体験談を読むと、実際にはカジュリから列車に乗ってジャイナガルへ行ってもいきなり不法入国者として逮捕されるようなことはなく、次の列車ですぐにネパール側へ戻ってくれば大事にはならないようだが、違反であることには違いないので、確信犯的に越境しない方がいい。

改軌以前のカジュリ駅付近で出入国審査場の代わりに見られたのは、ジャナクプル鉄道の車両たちが佇む広々とした車両基地である。多くの車両が原っぱの中に放置されていて、特に厳重に隔離されているわけでもなく、本線上からもよく見えた。中には、１９９０年代まで現役で走っていた小さな蒸気機関車の姿もあった。この野外鉄道博物館のような駅北側の車両基地が改軌工事によってどうなったのか、貴重な軽便車両たちがどうなったのか、路線の行く末と共に気になるところである。

（５）パキスタン

①ワガ駅
……発着するのはインドとの脆い「友好列車」

もともとは１つの国だったインドとパキスタンの間には、アラビア海からカシミールに至るまで長大な国境（及び停戦ライン）が横たわっている。この長い境界線を跨ぐ国際急行のうち、インド西部のアムリトサルとパキスタン東部のラホールを結ぶ旅客列車には「友好」の名が冠せられ、現実の需要に対する経済的存在意義とは別に、必ずしも友好的とは言えない両国間を結ぶ政治的シンボルとしての役割を担っている。

移動時間の短縮を考えるならば、列車に乗るより並行道路をバスなどで移動した方が遥かに速い。すなわち、この急行は純粋な住民の需要に応え、その利便を図る目的のみに依拠する列車ではないから、両国関係が悪化すれば政治的判断により列車の運行が停止され、再開まで何年もかかるといった事態になる。地元利用者の利便性など二の次なのだ。

沿線住民への配慮が感じられないという点では、駅の設置の仕方も同様である。インド側の国境駅・アターリーを出た国際列車が、厳戒態勢の印パ国境を越えて最初に停車するワガ駅は、もっぱらこの政治的友好列車の出入国のためだけに存在すると言っても過言ではない。駅の周囲に人家はほとんど見当

トルクメニスタン
中国
カブール
イスラマバード
アフガニスタン
ラホール
ワガ
パキスタン
イラン
ニューデリー
カラチ
インド

たらないし、ホーム上でパキスタンの入国審査を済ませた旅客が列車に乗る権利を放棄して駅の外へ出ようとしても係員に制止される。

駅の中には出入国審査場と小さな喫茶室、そしてイスラム教徒のための礼拝室があるだけで、旅客は日中延々と停車し続ける列車を前にチャイをすすってひたすら待つしかない。旅客の乗降が行われないせいなのか、インドからの国際列車が発着する国境駅だというのに、インド国内で発行されている全国版や地方版の時刻表でさえ、このワガ駅については何ら記載がなく、存在自体が完全に無視されている。

ワガ駅に停車中の印パ直通「友好列車」

インドから列車に乗って越境すると、この駅で、それまで見慣れていたインドの景色とは雰囲気が一変することに気づかされる。ヒンドゥー教を主としつつさまざまな宗教とそれを信仰する諸民族が混在するインドと異なり、パキスタンはほぼイスラム教一色。国の名前も正式には「パキスタン・イスラム共和国」。行き交う人々のほとんどがイスラム教徒で、男性はほぼ一様にシャルワル・カミースと呼ばれる民族服を着ている。ジーンズやTシャツなど西洋風の服装をしている人はほとんどいないので、何の変哲もない洋服を着ていた旅行者はワガ駅に到着するや否や、自身が相当に目立つ恰好をした異端者であることを思い知る。かくして、地元客の利用を全く想定していないワガ駅は、駅名は忘れられても、旅行者に「異文化の世界へ入った」印象を強烈に植え付ける役割を担っているのである。

第9章 西アジア

トルコ東部・ベイハン駅に停車中。地元住民が乗客に焼立てのナンを売りに来た

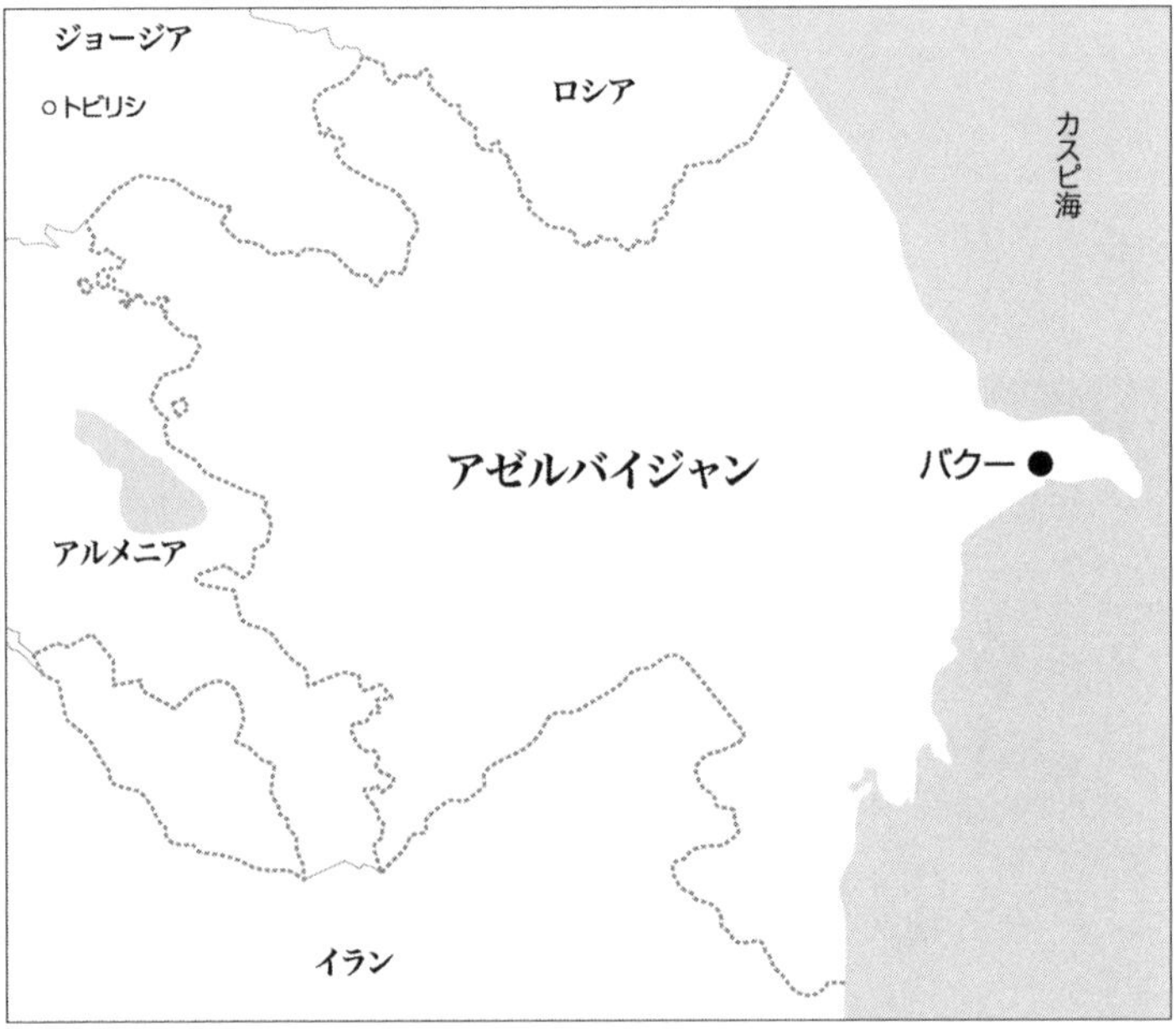
ジョージア
○トビリシ
ロシア
カスピ海
アゼルバイジャン
バクー
アルメニア
イラン

（1）アゼルバイジャン

①バクー駅
……新興産油国の筆頭駅で見た0系

旧ソ連から分離・独立したカスピ海沿岸の産油国アゼルバイジャンは、鉄道の創設もまた石油がらみであった。帝政ロシアの支配下にあった1880年にバクーとその周辺のいくつかの油田とを結ぶ路線が敷設されたのが、現在のアゼルバイジャン国内における最初の鉄道と言われている。1883年には、バクーからトビリシ（現・ジョージア）まで、石油を輸送する目的で長距離鉄道が開通している。アゼルバイジャンに社会主義政権が誕生してソビエト連邦に参加した後の1926年には、バクーを起点として早々に電化が実施された。現在のバクー駅舎は高層ビルになっているが、その隣にあるモスク風の瀟洒な旧駅舎も1926年の完成だ。

だが、ソ連邦内における重要拠点駅となっていたバクー駅は、ソ連崩壊による独立後はアゼルバイジャン鉄道の本拠地としてまさに国内筆頭駅となったにもかかわらず、輸送量は貨客ともに激減した。長く続いたモスクワ中心の輸送構造が変化したこと、しかもそのモスクワへ通じる路線がチェチェン共和国内での紛争等により断絶してしまったこと、さらにナゴルノ・カラバフを巡る隣国アルメニアとの領土紛争など、さまざまな地政学的問題が重なったためである。

バクー駅。ビルの上部に0系新幹線のイラストが見える

現在のバクー駅には数少ない長距離列車とバクー近郊を走る電車が発着しているが、近郊電車も区間によっては1日10本以下の路線もあり、列車の発着がない昼間の時間帯には広々としたヨーロッパ風の櫛形ホームに人影がないことも。地下通路で結ばれている高層ビルになっている駅舎の1階には長距離列車の切符売場や売店があるため、人の姿は絶えないものの、日中でも薄暗いことも手伝ってか、どことなく全体的に薄汚れていてくすんだ雰囲気がある。

おまけにバクー駅構内では、警官が外国人観光客を見つけると、言いがかりに近い理由をつけ、放免のための賄賂として金品を要求する事件が頻発しているという。旅行案内書でも「アゼルバイジャンは、末端警官や役人の腐敗がコーカサス3ヵ国（アゼルバイジャン、ジョージア、アルメニアの旧ソ連各国）で最もひどいから要注意」と断言されているほどだ。用もないのに駅構内をうろうろ観察していて腐敗警官に呼び止められると、何の落ち度もなくても厄介なことになりかねない。私も駅舎の中を歩くときは警官の目に留まらないようにしていた。自分が悪者であるかのような気にさせられてしまい、居心地の良い空間ではない。

それでも、個性のない高層ビルのバクー駅内外を歩いていたら、見覚えのあるものを見つけた。その高層ビルの頂上に掲げられた「バクー駅」の巨大看板の真下に、日本の初代新幹線0系（2008年11月で山陽新幹線から完全引退）と思われる電車のイラストが描かれていたのだ。

旧ソ連では、高速列車の象徴としてなぜか0系新幹線の図柄が採用されているケースが多く、私自身はアゼルバイジャン以外にリトアニアや樺太、ウラジオストクで見たことがある。1990年代半ばには、年1回発行される旧ソ連圏全域の鉄道時刻表の表紙に色違いの0系が登場したこともあった。日本から遠く離れ、日本人にはまだまだ馴染みの薄いこの新興国で見慣れた形のイラストを見たときは、悪徳警官の目を気にしながら歩く緊張感がちょっとだけ緩んだ。

（2）イラン

①マラーゲ駅
……ペルシャ絨毯の特産地でお祈り停車

トルコやアゼルバイジャンと国境を接するイラン西部から首都・テヘランへ向けて、急行列車に揺られていたときのこと。接続列車の遅延などにより、すでに定刻より10時間以上も遅れていた。「悪の枢軸」とアメリカから一方的に名指しされたイランの鉄道は、同列に並べられた他の〝枢軸国〟とは異なり、戦争や経済難による疲弊とは全く無縁で快適な汽車旅を自由に楽しめるのだが、さすがにこのときはテヘラン終着の見込みが判然としないので、その先の旅の予定が立たず困っていた。

本来ならテヘラン到着時刻に近い日没直後、列車はそのテヘランからまだ600キロ以上も離れているマラーゲに停車した。マラーゲからテヘランへ向かうこの鉄道路線は1958年に全通したイラン国鉄の主要幹線の一つで、今では中央アジアやコーカサス、そしてトルコへと続くシルクロード国際連絡鉄道の一部を形成している。マラーゲはチンギス・ハン時代にこの地まで勢力を拡大してきたモンゴル帝国の中心都市とされた古都であり、シルクロード鉄道の主要駅を置くにふさわしい由緒を持つ地である。現在は、シルクのペルシャ絨毯の特産地としても世界にその名を知られている。

停車ホームの目の前にそびえ立つマラーゲ駅舎は、整然と積み上げられた石造りの建物に半円窓が配

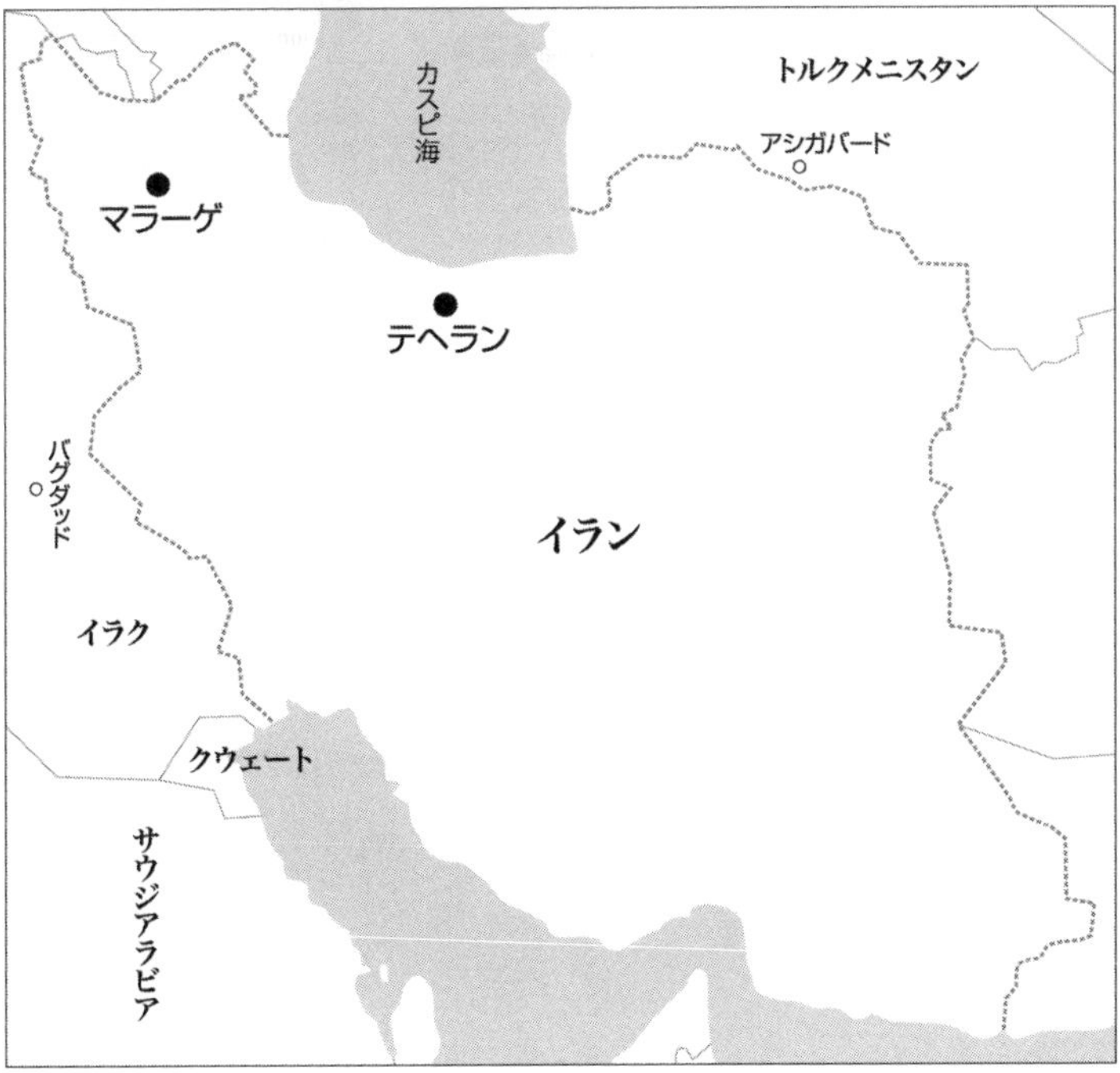
カスピ海
トルクメニスタン
アシガバード
マラーゲ
テヘラン
バグダッド
イラン
イラク
クウェート
サウジアラビア

マラーゲ駅に停車するダマスカス発テヘラン行き「トランス・アジア・エクスプレス」

された瀟洒な構えをしている。橙色の灯りに照らされて静かに浮かび上がる古風な夜の姿は、長旅に疲れた異国の旅人の目を少しばかり休ませてくれる。

そんな車内の旅客たちに、ホームから警官や駅員が「ナマーズ！」と大声で繰り返し車内に呼びかける。すると、コンパートメントにいた旅客たちはぞろぞろとホームに降り立ち、薄灯りの古風な駅舎の中へ消えていく。車掌や機関車の運転士までが持ち場を離れてしまい、たった1人、「ナマーズ」が不要とみなされている非イスラム教徒の私だけが、ガランとした車内に取り残された。

イスラム教徒は1日5回、メッカの方角に向かってナマーズ、すなわち礼拝することが義務付けられている。イランでは、列車で移動する一般旅行者にもこの厳格なイスラムの教えが求められており、大半の駅には専用の礼拝室が設けられている。礼拝の時刻になると、乗客や乗務員が一斉に停車駅の礼拝室へ行って祈りを捧げるのだ。列車がどんなに遅れていようが、この停車駅での礼拝の時間は必ず確保される。

手持ち無沙汰で乗客たちの帰りを待っていると、駅舎内の礼拝室の様子がどうしても気になる。イスラム寺院（モスク）の礼拝室にはたいてい、絨毯が何枚も敷いてある。マラーゲ駅の礼拝室の絨毯はさぞかし立派な地元の名産品なのだろうか、などと想像を巡らすが、一部の有名観光地を除いて、非イスラム教徒がモスクの礼拝室へ軽々に足を踏み入れることは慎むのが望ましい。礼拝中ならなおさらだ。

イスラムの国の鉄道で旅していることを、このお祈り停車のときほど強く実感することは他にないだろう。私はイランで初めてのお祈り停車の体験がこのマラーゲだったが、遅延の回復よりも礼拝を優先して停車駅で客車がカラになるのは、イラン全土で毎日どこでも繰り広げられる日常の鉄道風景なのである。

②テヘラン駅
……活気に溢れる「悪の枢軸」の首都駅

「悪の枢軸」（axis of evil）とは、アメリカのブッシュ大統領が2002年1月の一般教書演説で、北朝鮮とイラクとイランの3国を批判する際に用いた表現である。この3ヵ国のうち、イラクは後にイラク戦争によってフセイン政権が崩壊し、北朝鮮やイランが今なお核問題で国際社会を揺さぶり続けていることは周知の通りだ。

ところが、そうした政治上の問題とは別に、一介の旅行者としてこの3国を比べてみると、治安悪化が著しいイラクや自由な観光も許さない北朝鮮と異なり、イランは治安もさほど悪くないし自由に移動や宿泊ができるなど、他の平和な諸外国とほとんど同じ感覚で旅することができる。むしろ、石油をはじめ資源豊富なこの国では、生半可な発展途上国よりも鉄道をはじめ国内交通網がきちんと整備されているし、サービスも上々だ。とても「悪の枢軸」の他の2国と同列に捉えることはできない。

イランの鉄道は1886年にテヘランで開業したわずか17キロの馬車鉄道が嚆矢とされる。それから120年以上が経過し、イランの首都の陸の玄関として殿堂のような駅舎が威容を誇るテヘラン駅は、全土に約8000キロの路線を持つ鉄道大国の筆頭駅へと成長した。各地へ向かう優等列車のほか、イスタンブールなどへの国際列車も発着し、外国人旅行者の利用も多い。

右から左へと綴るペルシャ文字とローマ字で「テヘラン鉄道駅」と大書された駅名表示を頭上に掲げた駅舎に入ると、2階まで吹き抜けた天井の高い中央エントランスホールが現れる。正面には直近の列車の発着時刻が掲示されている。商業広告が壁面に連なるのは諸外国と同じだが、柱の上にホメイニ師の肖像画が掲げられているのはイランの鉄道駅の特徴だ。乗車券は2階の窓口で販売されている。ただし、これらの空間は国内旅客向けで、トルコやシリアへの直通国際列車の利用客は、隣接する別の専用棟で乗車券とともにパスポートのチェックなどを受ける。

テヘラン駅の中央ホール。
柱にホメイニ師の肖像画が掲げられている

駅構内の表示はほぼ英語が併記され、中央ホールの案内所では英語が通じるので、ペルシャ語を解さない外国人旅行者も困ることはほとんどない。ちなみに日本人の場合、案内所で尋ねる前に、１９９０年代までに日本へ出稼ぎに行っていたという地元のイラン人に日本語で声を掛けられ、わからないことを全部日本語でサポートしてもらってしまうなど、思わぬ親切を受けるケースもある。

中央ホールからホームに向かうと、巨大な屋根に覆われたプラットホームが数多く並んでいる様子を跨線橋の上から見下ろせる。こぎれいな特急車両などが整然と出発時刻を待つさまは、鉄道先進国と比べて何ら遜色がない。産油国イランの鉄道には電化区間がほとんどなくディーゼル運転が主流となっているため、ホームの上からの眺めが架線に遮られず、視界がすっきりしている。ひっきりなしに列車が発着し、大勢の老若男女が旅客として行き交うターミナルには、およそ「悪の枢軸」などという形容とは相容れない平和な賑やかさと、イスラムの国らしいホスピタリティーが溢れている。

（3）シリア

①ダマスカス駅
……イスラムの聖地を目指した巡礼の起点

1962年にイギリスで公開された映画「アラビアのロレンス」は、第1次世界大戦中、オスマン・トルコ帝国からの独立を求めてアラブ人たちが起こしたアラブの反乱において、イギリス人将校だったトーマス・エドワード・ロレンスがアラブ人たちの信頼を得てトルコ軍と戦い、ダマスカスに入城するまでを描いた戦争映画である。当時、オスマン・トルコはドイツ帝国と同盟を結んでおり、アラブ側はドイツと戦う連合国のイギリスやフランスと手を結んでこれに抵抗しようとしていた。

映画の中で、ピーター・オトゥール扮する主人公のロレンスが、砂漠の中を走る鉄道線路に爆弾を仕掛け、通過する機関車を爆破して列車編成を襲う有名なシーンがある。この砂漠の鉄道、名をヒジャーズ鉄道といい、イスラムの聖地・メッカやメディナ（ともに現在はサウジアラビア領）を目指す巡礼者の交通の便を図ることが目的とされていた。もっとも実際には、トルコがその影響力をメッカにまで及ぼし、物資や軍隊を速やかに輸送できるようにする狙いもあったと言われている。

そんな狙いを象徴するかのような存在が、1913年に現在のシリアの首都・ダマスカスに建てられたヒジャーズ駅舎だ。メディナまでの約1300キロの道のりを直結する鉄道は1908年に完成して

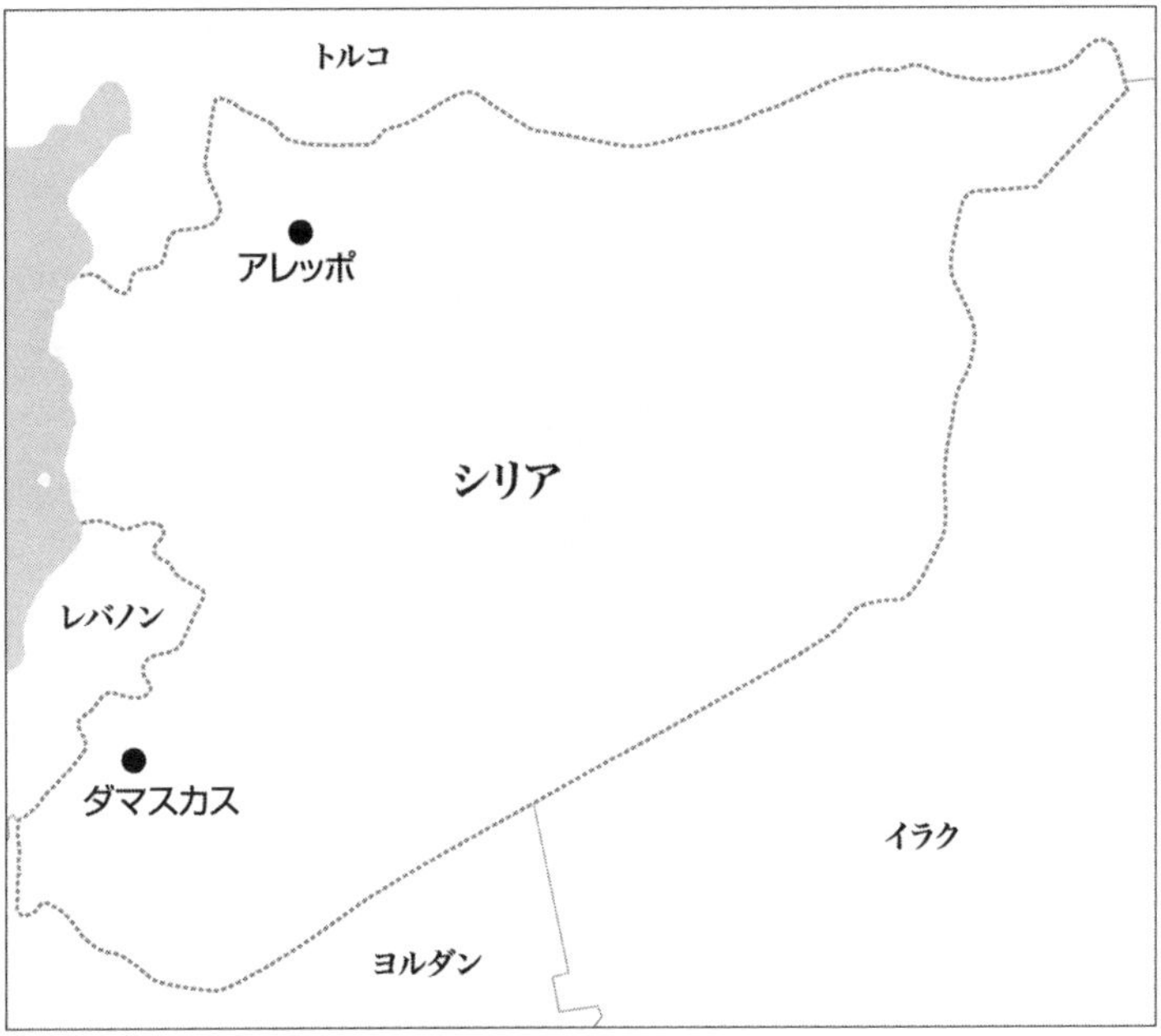

いたが、オスマン朝の威信をかけて、壮麗な駅舎をこの歴史あるアラブの古都に造ったのである。

トルコ様式とシリア様式とが融合したヒジャーズ駅舎は、日中は自動車の流れが途切れることのない賑やかなダマスカスの中心部に建っている。内部は美しいステンドグラスで彩られ、天井から壁面の細部に至るまで見事な装飾が施されている。正面玄関横には、１９０８年にドイツで製造された蒸気機関車が静態保存されている。皮肉なことに、ヒジャーズ鉄道の名はこれを破壊したロレンスを描いた映画のおかげで世界に知られるようになり、その代表的ターミナルとして建設されたこの駅舎は、今ではダマスカス有数の観光名所となっている。

ただし、肝心の列車の姿は、駅前の蒸気機関車を除いて駅のどこにも見られない。

市街地の外れにあるダマスカス・カダム駅

ロレンスによる鉄道破壊後もシリアの国内鉄道や隣国ヨルダンとの国際列車の玄関駅として機能してきたこの伝統ある駅は、再開発によってホームも線路も全て撤去されてしまったのだ。ダマスカス中央駅としての地位は現在、ここから約5キロ離れた郊外にあるカダム駅に移っている。

ヒジャーズ駅は、近郊列車の乗車券を窓口で販売していることで、鉄道駅としての機能をかろうじて保っているに過ぎない。2階に吹き抜ける広々とした天井の中央ホールは、古本の販売所と化している。壁面にはアサド現大統領の肖像画があちこちに飾られていて、内装から醸し出される荘厳な雰囲気をぶち壊しにしている。いかにも父子で国家権力を継承する独裁国家らしい。

中央ホールの片隅には、再開発後に新たに建てられるという新・ヒジャーズ駅舎の模型が展示されている。老齢のこの駅舎を、近代的なビルがホームを覆う巨大ターミナルに変身させる計画があるのだ。

もっとも計画の見通しは不明瞭で、かつて線路とホームがあった駅舎の裏手は何年も前からガランとした空地が広がったまま。工事をしている様子は全く感じられず、本当にこんな立派な建物ができるのかは大いに疑わしい。おかげで、古本と近距離切符だけを細々と売っている往年の名駅舎にはまだ当分の間、世界中から観光客が訪れ続けるに違いない。

②アレッポ駅
……首都にないシリア国鉄の総合拠点

シリアは強権的な独裁体制を維持する国家としては珍しく、国鉄（Chemins de Fer Syriens。略称「CFS」）以外に、単なる地域密着型の地方鉄道より規模の大きい別の公共鉄道事業体が存在する。メッカを目指して建設されたかつてのヒジャーズ鉄道などを前身とする、シリア・ヒジャーズ鉄道（Chemins de Fer de Hidjaz Syrie。略称「CFH」）である。

このうち、後者・CFHのシリア国内の拠点がダマスカスにあるのは、メッカ方面に通じるヒジャーズ鉄道路線がダマスカスから南方に延びていることの帰結であろう。これに対して、前者・CFSの本社はそもそもこの首都ではなく、北部にある第2の都市アレッポに置かれている。分割・民営化される前の日本の国鉄本社が東京でなく大阪にあるようなもの、と考えれば、その特異さがわかるだろうか。

19世紀末から20世紀初頭のオスマン帝国時代、トルコからイラクのバグダッドへ通じるバグダード鉄道が建設され、アレッポ駅はその主要駅として1912年に開業した。映画『アラビアのロレンス』のおかげでヒジャーズ鉄道の名ばかりが世界中に知られているが、ドイツ資本で建設された当時のバグダード鉄道は、トルコからシリアとイラクを経由してペルシャ湾へと通じる壮大な鉄道計画として国際的な注目度が非常に高かった。この国際鉄道の要衝として誕生したアレッポ駅を中心に、トルコやレバノンなど隣国の国境へ向けてシリア国内の鉄道が敷設されていく。アレッポがCFSの拠点となっているのは、こうした鉄道成立の経緯に基づいている。

ただ、このバグダード鉄道由来の国際路線は、トルコからアレッポを経由してもう一度トルコ国内に戻り、さらにシリア国境を再度跨いでイラクへ入るという煩雑な国境通過手続きを要するルートであったため、第2次世界大戦後の1960年までに、トルコは自国内にアレッポを経由しない迂回路線を建設。これにより、アレッポはトルコ・イラク両国間の国際鉄道輸送の中継地としての役割を終え、以後は今日に至るまでシリア国内鉄道の総合拠点として機能しているのである。

シリア国鉄最大のターミナル・アレッポ駅

かような歴史ある停車場らしく、駅舎は砂岩で装飾された古代の宮殿のような堂々とした風格を誇っている。駅舎内部も切符売場や待合室には荘重な雰囲気が漂い、バグダード鉄道時代の栄光を偲ばせる。駅舎に面した幅広の1番線ホームには、トルコやイランへ向かう長大編成の国際列車が今も発着。その一方で、最近は「トレインセット」と呼ばれる韓国製の新型ディーゼルカーによる身軽な快速列車も増えていて、5両程度の小編成列車が長いプラットホームを持て余すように停車する姿をよく見かける。首都ダマスカスのターミナル（カダム駅）が街外れの小さな駅になってしまった今、アレッポ駅は間違いなく、名実ともにシリアの鉄道を代表する筆頭ターミナルである。

（4）トルコ

①ワン駅
……車両ごと積み込む湖の鉄道連絡船が待つ

かつて日本の国鉄は、旅客車両をそのまま連絡船の中に積み込む客車航送を行っていた。昭和29（1954）年の洞爺丸事故（青函連絡船）や翌30（1955）年の紫雲丸事故（宇高《うこう》連絡船）で客車を積んだ連絡船が沈没して多数の犠牲者が出て以来、日本では客車航送は中止されてしまったが、客車をそのまま積み込めば鉄道が物理的に通行できない水上区間を挟んでも旅客が乗換えなしで移動できることから、今でも客車航送を実施している国が世界各地にある。

もっとも、言うまでもないことだが、船のスピードは列車より断然遅い。したがって、海底トンネルや大型橋梁を造って水上区間を列車が直接越えられるようになったり、水上を直進するよりも早回りできる迂回区間が設けられると、客車を呑み込んで航行する鉄道連絡船は姿を消すのが宿命だ。特に、内陸にある湖の場合は迂回路線を造れば水上横断そのものを回避できるので、どこかで必ず渡らなければ直接往来ができない海峡や河川のケースに比べて早い時期から連絡船は使命を終えて消えていった。

そんな湖上の鉄道連絡船が今でも現役で活躍している稀少な場所の一つが、トルコ東部のワン湖である。琵琶湖の約5・5倍の広さを誇るこのトルコ最大の湖の両岸に国鉄の駅があり、航行距離にして75

キロ離れた両岸を、鉄道連絡船が約4時間で結んでいる。

湖の西側で船と接続する駅がタットワン桟橋駅、東側がワン桟橋駅。いずれも、船と鉄道を乗り継ぐためだけに設けられた桟橋隣接の停車場で、それぞれの街の玄関駅は桟橋駅から少し離れた別の場所に位置している。現在のワン市街地は第1次世界大戦後に造られた新しい街だが、古くからクルド人が多く住んでいる〝クルディスタン〟と呼ばれる地域の主要都市でもある。左右の瞳の色が異なるワン猫という稀少種の猫が生息する地としても、その名を知られている。

ワン桟橋駅に列車が到着すると、身の回りの荷物だけを手にした乗客がぞろぞろと下車してきて、基本的に全員がそのまま目の前に停泊する船に乗り換える。ワン湖の連絡船は全客車を航送するのではないのだが、乗車前に預託した手荷物を積んだ客車は船内に収められて湖の東西を移動する。そのため、大型の荷物を抱えて東西両桟橋駅で乗り換える手間は不要となる。もちろん、この連絡船は鉄道の代わりであるから、列車の乗車券を持っていれば別に乗船券を買う必要はない。日本のように、乗船名簿に氏名を記入する手続きも行われない。

ワン桟橋駅に停泊する鉄道連絡船

旅客が皆乗船したところで、列車編成から手荷物運搬客車など必要な車両が切り離されて船倉の奥へ順次押し込まれ、すぐに港を離れる。逆に、船が到着すると、それに合わせて桟橋ホームに旅客列車が進入して来る。船を降りた旅客が次々と列車に乗り込む間に、船倉から車両が吐き出され、それを編成の最後尾に連結して出発の準備を整える。

船や桟橋の規模がさほど大きくないこと、それに車両入換え作業現場での安全確保が日本ほど厳しくないことから、世界でも珍しくなった内陸湖での客車航送の様子を、旅客が目の前で容易に眺められる。船と列車の乗り継ぎのために短時間滞在するだけの駅だが、そこで展開される光景は、客車航送どころか連絡船自体が過去のものとなりつつある日本人にとっては一見の価値ありと言えるだろう。

②カピキョイ駅
……山深いトルコ最東端の駅

イスタンブールのアジア側終着駅がアジアの最西端駅であることは、イスタンブールがアジアとヨーロッパの結節点であることを知っていればおおよそ想像がつく。だが、同じトルコでもアジア側の東の端、つまりトルコ最東端の鉄道駅といっても、日本人にとってそんな最果ての位置付けはほとんど意味がないので誰も知らない。

そんな無名のトルコ最東端駅は、イランと国境を接するカピキョイという駅である。夏は爽やかな涼気に、冬は辺り一面を雪に覆われる山奥に位置し、イランと相互乗入れする国際列車の発着時以外はほとんど第三国人の姿を見ることはない。国境の出入国審査場は駅舎の中にあり、国際列車の停車中は旅客が自らパスポートを持って駅舎の中へ足を運び、自主的に審査を受ける決まりになっている。

雪に覆われるトルコ最東端のカピキョイ駅

もっとも、トルコの東の玄関口であるこの駅は、イランの首都・テヘランへは線路が繋がっているのに、自国の首都であるアンカラやイスタンブールなど他のほとんどのトルコ国内と線路が繋がっていない。カピキョイから西へ向かう路線はまもなくワン湖という湖を前に線路が途絶え、対岸とは鉄道連絡船で結ばれているためだ。湖を迂回する直通路線の建設計画もあるようだが、建設費の高さなどから実現には至っていない。このため、カピキョイへ至るトルコ国内の路線は他のどの路線とも接続せず、孤立した立地状況に置かれている。

オスマン帝国時代に誕生したトルコの鉄道は、国土の西部から東部方面へと徐々に路線網が拡大されていった。イランへの直通路線の開設もそうした国土計画の一環であり、また軍事上も重視されていたと思われる。ところが、第２次世界大戦後は全国的にインフラ投資の重点が鉄道から道路に移行したため、国土東部への鉄道路線拡大が進展しなくなってしまったのである。ワン湖の東岸に孤立しているカピキョイへの直通路線が建設されないままになっているのも、この国土開発方針の変化に拠《よ》るところが少なくないといえる。

トルコとイランを結ぶ国際列車には「トランス・アジア・エクスプレス」（アジア横断急行）という壮大な名が付けられていて、このカピキョイを通ってイランへ向かい、またイランからやって来る。イラン国鉄の車両が用いられているこの国際列車が到着している間、駅名標は確かにトルコ国鉄の標準様式で、ペルシャ文字が書かれているわけでもないが、カピキョイ駅構内はまるでイラン国鉄の延長線の様相を呈する。

それでも、イランからやって来た乗客はイスラムの雰囲気が緩やかになるのを感じ、これからイランへ向かう旅客は厳格なイスラムの世界への旅立ちに緊張感を覚える。同じ列車が行き交うだけなのに、すぐ東隣の駅に大きく異なる慣習の世界があることを実感させてくれる国境駅である。

③イスタンブール・ハイダルパシャ駅
……アジア最西端の駅

アジアの東端に位置する日本では、マスコミ等で「アジア諸国」というとき、あたかも中国や朝鮮半島、せいぜい東南アジアくらいまでがその範囲とイメージされることが少なくない。だが、「中近東」という訳語の通り、ヨーロッパから近いアラブやペルシャ文化が栄えている地域も、れっきとしたアジアである。

そのアジアで最も西にある鉄道駅が、イスタンブールの町を隔てるボスポラス海峡に面したハイダルパシャ駅だ。オスマン帝国時代末期の１８７２年に開設されたこの駅は、駅舎の正面がすぐ船着き場で、対岸にあるヨーロッパ側の市街地や、その玄関駅であるシルケジ駅との連絡を第一に考えた立地になっている。

桟橋前にそびえ立つ壮麗な欧風駅舎は、後に３Ｂ政策と呼ばれたベルリン―ビザンティウム（イスタンブールの旧称）―バグダードを結ぶ鉄道の敷設によって中東地域への経済進出を図ろうとしたドイツの会社によって、20世紀初頭に建てられた。アジアから見ればハイダルパシャ駅は西の果てだが、ヨーロッパから見ればこの駅こそがアジアそのものの玄関口。ヨーロッパ側から桟橋行きの渡し船に乗ると、三方を海に囲まれた駅舎が海上に浮かぶ城塞のように見えて、だんだん近づいてくる。

駅舎の内部は古き欧風とイスラム風の両様式を折衷したようなオスマン様式と呼ばれる造りになって

駅舎の目の前はすぐ桟橋、そしてボスポラス海峡

いて、天井の細工やステンドグラス、床のタイルまでが空間全体の重厚感を演出している。半円形のアーチを描いた天井のエントランスをくぐり抜けると、行止り式のプラットホームに出る。ここが、アジアで最も西にある線路の果てなのだ。ちなみにアジアで最も東にある旅客鉄道の駅は、ＪＲ北海道の東根室駅（口絵ⅰ参照）である。日本列島と大陸を結ぶ航路やトルコ国内の湖の連絡航路を除けば線路は繋がっているのだが、途中の国境で旅客列車が往来していない区間があり、今のところ、東根室からここまで列車を乗り継いで来ることはできない。

それに、ハイダルパシャ駅自体の将来も不明瞭になっている。２０１３年10月、ボスポラス海峡をつなぐ海底トンネルを走る地下鉄道マルマライが開通。ヨーロッパとアジアを隔てる海峡通過区間を、マルマライはわずか4分で走り抜けるようになった。この海底鉄道の登場により、トンネルの出入口から離れた位置にあるハイダルパシャ駅から、トルコ東部各地とを結ぶ長距離列車の姿が消えた。今は鉄道駅としてではなく、純粋な観光地として壮麗な駅舎を見に来る旅行者がいるだけだ。将来、この駅舎が再びどのように活用されるのかもまだはっきりしないらしい。渡し船の桟橋以外に何もない立地が、今となっては逆に他の活路を見出す妨げになってしまっている。

ヨーロッパを指呼の間ほどの近さに望むハイダルパシャ駅は、アジア大陸の西の絶対的終着駅であり、その地位は永久不変のはずだった。それが、オスマン帝国時代以来の悲願と言われた海底トンネルの登場によってその実質的機能を失い、今は歴史的建造物としての存亡すら危ぶまれている。アジア各地で見られる鉄道事情の変化の激しさは、アジア最西端の伝統駅にも及んでいるのである。

［※イスタンブール・ハイダルパシャ駅は2013年6月、廃止された。］

初出一覧

初出はすべて一般財団法人霞山会ホームページの連載『アジアの停車場』。
〔 〕は連載回数を示す。

ウラジオストク〔5〕２００８年８月１日
ザバイカリスク〔64〕２０１３年７月１日
イルクーツク〔36〕２０１１年３月１日
クラスノヤルスク〔90〕２０１５年９月１日
チュメニ〔82〕２０１５年１月１日
ユジノ・サハリンスク〔14〕２００９年５月１日
コルサコフ〔47〕２０１２年２月１日
ノボジェレーベンスカヤ〔68〕２０１３年11月１日
ブィコフ〔93〕２０１５年12月１日
ナライハ〔15〕２００９年６月１日
スフバートル〔46〕２０１２年１月１日
ウランバートル〔60〕２０１３年３月１日
ダルハン〔94〕２０１６年１月１日
北京西〔1〕２００８年４月１日
柳園〔13〕２００９年４月１日
瀋陽東〔25〕２０１０年４月１日
河口〔37〕２０１１年４月１日
桂林〔49〕２０１２年４月１日
旅順〔61〕２０１３年４月１日
山海関〔73〕２０１４年４月１日
蜜蜂岩〔85〕２０１５年４月１日
西安〔97〕２０１６年４月１日
開城〔3〕２００８年６月１日
西平壌〔29〕２０１０年８月１日
龍川〔63〕２０１３年６月１日
新義州〔81〕２０１４年12月１日
西浦〔95〕２０１６年２月１日
釜山〔2〕２００８年５月１日
漢灘江〔21〕２００９年12月１日
慶州〔45〕２０１１年12月１日
新村〔51〕２０１２年６月１日
杻田〔67〕２０１３年10月１日
正東津〔76〕２０１４年７月１日
ソウル〔89〕２０１５年８月１日
奮起湖〔7〕２００８年10月１日
大華〔18〕２００９年９月１日
新北投〔32〕２０１０年11月１日
花蓮〔41〕２０１１年８月１日
新竹〔57〕２０１２年12月１日
烏樹林〔70〕２０１４年１月１日
祝山〔78〕２０１４年９月１日
三貂嶺〔88〕２０１５年７月１日
台北〔98〕２０１６年５月１日
マニラ・トゥトゥバン〔19〕２００９年10月１日
レガスピ〔38〕２０１１年５月１日
ハノイ〔23〕２０１０年２月１日
ダラット〔44〕２０１１年11月１日

ラオカイ〔55〕2012年10月1日
ハイフォン〔62〕2013年5月1日
ロンビエン〔79〕2014年10月1日
サイゴン〔86〕2015年5月1日
プノンペン〔8〕2008年11月1日
バッタンバン〔52〕2012年7月1日
ノーンカーイ〔6〕2008年9月1日
カンチャナブリー〔31〕2010年10月1日
アユタヤ〔48〕2012年3月1日
バンコク・ホアランポーン〔59〕2013年2月1日
チェンマイ〔66〕2013年9月1日
アランヤプラテート〔77〕2014年8月1日
スンガイ・コーロク〔91〕2015年10月1日
ゴッテイ〔99〕2016年6月1日
ボーフォート〔10〕2009年1月1日
グア・ムサン〔28〕2010年7月1日
クアラルンプール〔58〕2013年1月1日
バターワース〔69〕2013年12月1日
グマス〔83〕2015年2月1日
テノム〔96〕2016年3月1日
シンガポール〔12〕2009年3月1日
ウッドランズ〔74〕2014年5月1日
ジャカルタ・コタ〔35〕2011年2月1日
プランバナン〔54〕2012年9月1日
ジョグジャカルタ〔65〕2013年8月1日
ドストゥク〔30〕2010年9月1日
シムケント〔39〕2011年6月1日

アルマトゥ〔72〕2014年3月1日
ビシュケク〔9〕2008年12月1日
ルイバチェ〔50〕2012年5月1日
サマルカンド〔34〕2011年1月1日
タシケント〔56〕2012年11月1日
ホジャンド〔27〕2010年6月1日
カニバダム〔92〕2015年11月1日
ドルショナ〔17〕2009年8月1日
チラハティー〔75〕2014年6月1日
ダージリン〔4〕2008年7月1日
コルカタ・シアルダー〔43〕2011年10月1日
バドゥッラ〔33〕2010年12月1日
ゴール〔53〕2012年8月1日
コロンボ・フォート〔80〕2014年11月1日
ペラデニヤ〔87〕2015年6月1日
ジャナクプル〔22〕2010年1月1日
カジュリ〔84〕2015年3月1日
ワガ〔26〕2010年5月1日
バクー〔20〕2009年11月1日
マラーゲ〔16〕2009年7月1日
テヘラン〔42〕2011年9月1日
ダマスカス〔11〕2009年2月1日
アレッポ〔40〕2011年7月1日
ワン〔24〕2010年3月1日
カピキョイ〔71〕2014年2月1日
イスタンブール・ハイダルパシャ〔100〕2016年7月1日

【著者】

小牟田哲彦（こむた　てつひこ）

昭和50年、東京生まれ。早稲田大学法学部卒業、筑波大学大学院ビジネス科学研究科企業科学専攻博士後期課程単位取得退学。日本及び東アジアの近現代交通史や鉄道に関する研究・文芸活動を専門とする。平成7年、日本国内のJR線約2万キロを全線完乗。世界70ヵ国余りにおける鉄道乗車距離の総延長は8万キロを超える。平成28年、『大日本帝国の海外鉄道』（東京堂出版）で第41回交通図書賞奨励賞受賞。ほかに『鉄道と国家――「我田引鉄」の近現代史』（講談社現代新書）、『旅行ガイドブックから読み解く 明治・大正・昭和　日本人のアジア観光』（草思社）、『宮脇俊三の紀行文学を読む』（中央公論新社）など著書多数。日本文藝家協会会員。

アジアの停車場《ていしゃば》
ウラジオストクからイスタンブールへ

2021年　11月　6日　　第1版第1刷発行

著者　小牟田哲彦

発行者　高橋　考
発行所　三和書籍
〒112-0013　東京都文京区音羽2-2-2
TEL 03-5395-4630　FAX 03-5395-4632
sanwa@sanwa-co.com
http://www.sanwa-co.com

印刷所／中央精版印刷株式会社

ISBN978-4-86251-443-1　C0026

三和書籍の好評図書

Sanwa co.,Ltd.

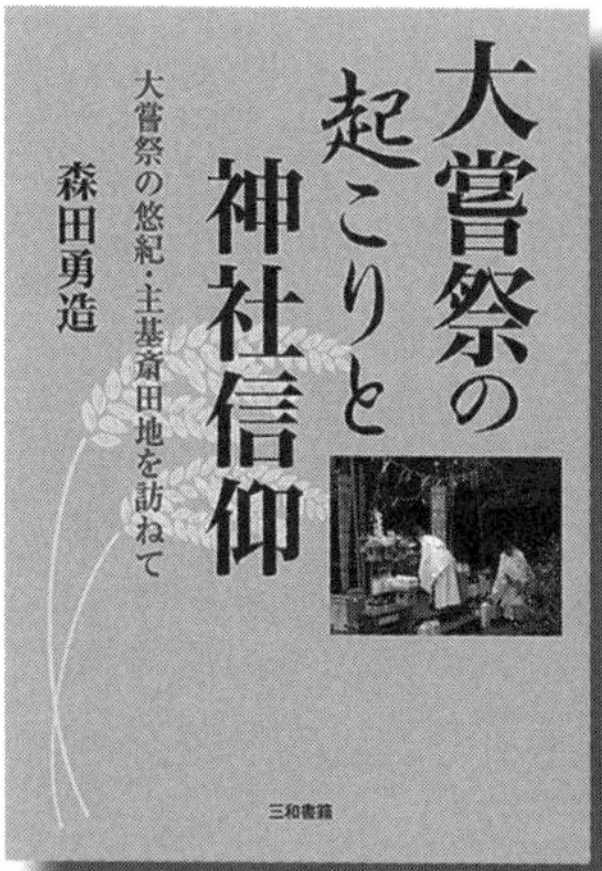

大嘗祭の起こりと神社信仰

森田勇造 著
A5判　並製
価格：1,800円+税

●天皇一代一度の行事で、何十年かに一度行われる大嘗祭は、一般的にはあまり知られていないが、天皇制にとって大変重要な儀礼。また、2019年秋に行われる大嘗祭を前に、今後の天皇制の在り方を洞察する上でとっても大事なことだと思い、明治以後に行われた斎田地を訪ねた。明治時代以前の斎田地は、地域は分かっていても具体的な場所がはっきりしていないが、明治、大正、昭和、平成の斎田地は、記念碑が建立されているので、誰が訪れても確認できる。明治、大正、昭和、平成の東西二か所ずつの八か所と年代不詳の備中主基斎田地を訪れ、当時の様子を知る方々に話を伺い、写真も多数掲載している。

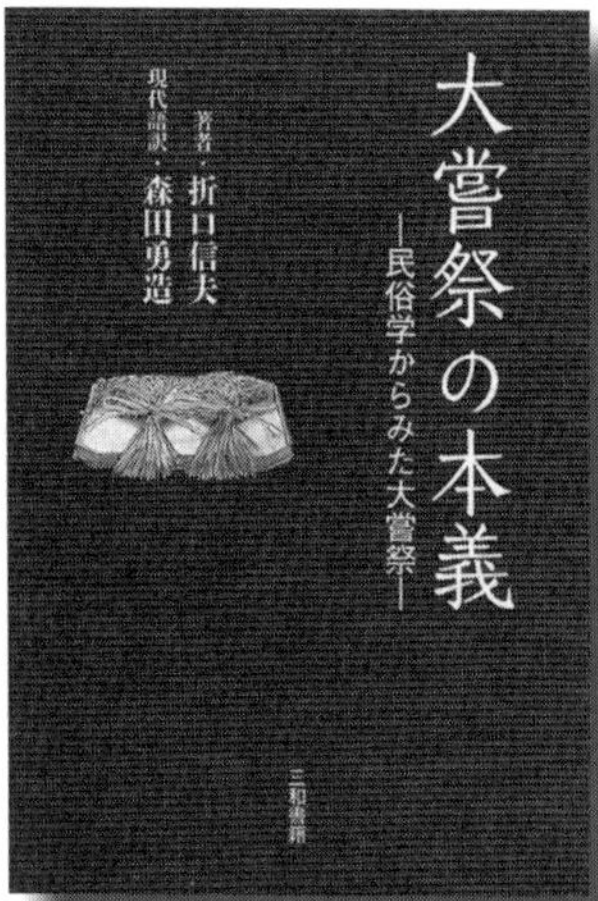

大嘗祭の本義

折口信夫 著　森田勇造 現代語訳
四六判　並製
価格：1,400円+税

●本書は折口信夫の「昭和三年講演筆記」を現代語訳したものである。訳者の森田勇三は、以前から「日本の民族的、文化的源流を求めて」をテーマに、アジア東南部の稲作文化地帯諸民族の生活文化を踏査してきた。今般の今上天皇譲位と新天皇の即位に際して、稲作文化としての〝大嘗祭〟に関心を持ち、明治以後の四代、東西八カ所の斎田地を探訪調査した。そして、2019年5月に『大嘗祭の起こりと神社信仰—大嘗祭の悠紀・主基斎田地を訪ねて—』の題名で出版することになった。それにあたって必要な、昭和３年における折口信夫の講演録『大嘗祭の本義』を現代語訳した本書を同時に上梓する運びとなったのである。２冊を合わせ読めば、日本にとって大変重要な大嘗祭の意味と意義がよく理解されるといえよう。